NFT and Cultural Heritage

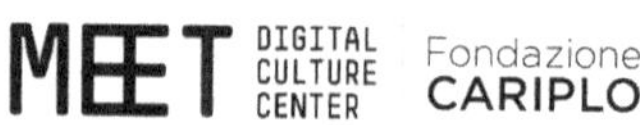 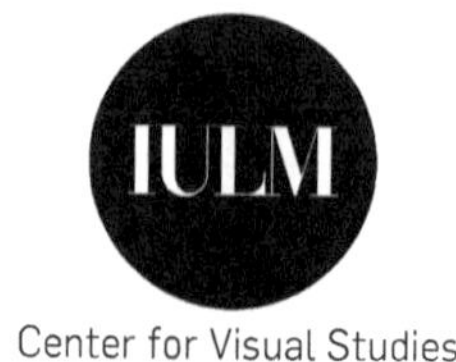

Center for Visual Studies

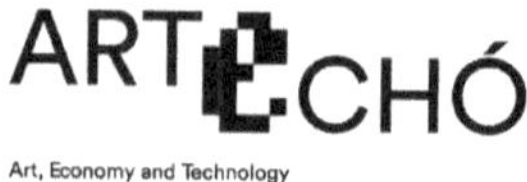

Art, Economy and Technology

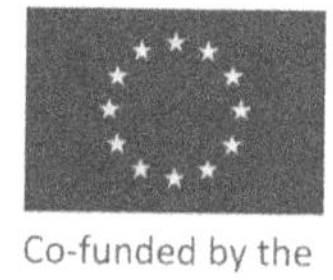

Co-funded by the
European Union

ARTeCHÓ is co-funded by the European Union. Grant agreement n. 101056278. Views and opinions expressed are however those of the author(s) only and do not necessarily reflect those of the European Union. Neither the European Union nor the granting authority can be held responsible for them.

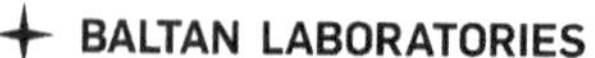 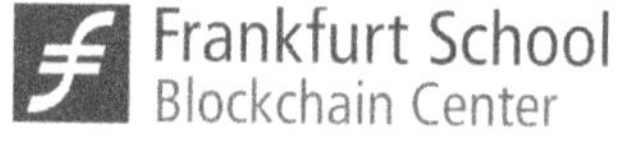

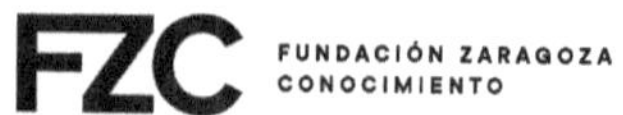 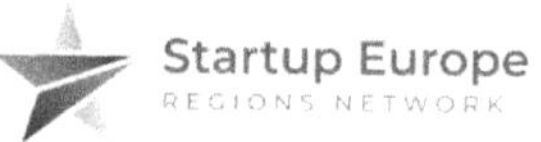

NFT and Cultural Heritage

*a cura di / edited by Anna Luigia De Simone*

© 2024 Postmedia Srl

In copertina: Refik Anadol, *Renaissance Dreams*, 2020-23, courtesy MEET Digital Culture Center

www.postmediabooks.it
isbn 9788874903955

# NFT and Cultural Heritage

*a cura di Anna Luigia De Simone*

postmedia●books

*Vincenzo Trione, Director of Center for Visual Studies (CVS) of IULM University, Milan*
*Maria Grazia Mattei, Director of MEET Digital Culture Center, Milan*

## NFT and Cultural Heritage

This volume is the result of a collaboration between two relevant Italian institutions working in the fields of research, education and promotion of visual and digital culture at the international level: the Center for Visual Studies (CVS) of IULM University and the MEET-Digital Culture Center, both based in Milan. A dialogue that is part of the ARTeCHÓ (Art, Economy and Technology) project and is carried out in partnership by MEET, SERN-Startup Europe Regions Network in Brussels, Baltan Laboratories in Eindhoven, Etopia Center for Art & Technology in Zaragoza and Frankfurt School Blockchain Center in Frankfurt. The goal: to frame the inquiry to the relationship between NFT and cultural heritage, making use of CVS's recognized expertise in the study of image open to the convergence of theoretical knowledge and operational strategies related to media, visual languages and heritage.

Specifically, within the broader field pertaining to the research group that won the Creative Europe program, the activities carried out by CVS and MEET consisted of three main phases: the organization of workshops involving fifteen artists selected for a seven-month fellowship during which the first outcomes of the work were presented; the mentoring of a research fellow assigned to map the state of the art of studies on NFT and cultural heritage; and a publication aimed at exploring this topic from a distinctly interdisciplinary perspective.

Although the topic is widely discussed in the public debate, there are not yet, on the international and national horizon, scientific studies specifically dedicated to exploring areas, practices and forms of application, actors and users, history, perspectives and issues, social and environmental impacts of NFT use in relation to cultural heritage. The joint approach of CVS and MEET is based on the desire to test the effectiveness in this territory of an ongoing dialogue between traditional research disciplines and methodologies with innovative practices from heterogeneous fields,

*Vincenzo Trione, Direttore del Center for Visual Studies (CVS) dell'Università IULM di Milano*
*Maria Grazia Mattei, Direttore del MEET-Digital Culture Center di Milano*

# NFT e patrimonio culturale

Questo volume nasce dalla collaborazione tra due rilevanti realtà italiane, che operano nei settori della ricerca, della formazione e della promozione della cultura visuale e digitale a livello internazionale: il Center for Visual Studies (CVS) dell'Università IULM e il MEET-Digital Culture Center, entrambi con sede a Milano. Un dialogo che rientra nel progetto ARTeCHÓ (Art, Economy and Technology) ed è realizzato in partnership da MEET, SERN-Startup Europe Regions Network di Bruxelles, Baltan Laboratories di Eindhoven, Etopia Center for Art & Technology di Saragozza e Frankfurt School Blockchain Center di Francoforte. L'obiettivo: perimetrare l'indagine al rapporto tra NFT e Cultural Heritage, avvalendosi della riconosciuta *expertise* del CVS nello studio dell'immagine aperta alla convergenza tra saperi teorici e strategie operative connesse ai media, ai linguaggi visuali e ai patrimoni dell'immagine.

In particolare, all'interno del più ampio campo di pertinenza del gruppo di ricerca vincitore del programma Creative Europe, le attività condotte dal CVS e dal MEET si sono articolate in tre fasi principali: l'organizzazione di workshop con la partecipazione di quindici artisti selezionati per una fellowship di sette mesi in occasione della quale sono stati presentati i primi esiti del lavoro; il tutoraggio di un assegnista di ricerca adibito alla mappatura dello stato dell'arte degli studi su NFT e patrimonio culturale; una pubblicazione tesa ad approfondire tale tema secondo una prospettiva spiccatamente interdisciplinare.

Anche se si tratta di un argomento ampiamente discusso nel dibattito pubblico, non esistono ancora, nell'orizzonte internazionale e nazionale, studi scientifici specificamente dedicati a esplorare ambiti, pratiche e forme di applicazione, attori e fruitori, storia, prospettive e problematiche, effetti sociali e ambientali concernenti l'uso degli NFT in relazione al Cultural Heritage. L'approccio condiviso da CVS e MEET si fonda sulla volontà di testare l'efficacia in questo territorio di un

not only from the technological area. With contributions from art historians and critics, scholars of film, media, museology, philosophy and the cultural heritage market, the essays collected here try to shed light on the beginnings, moments of crisis and prospects for the development and application of these "digital objects".

The volume is accompanied by a cartography of the most significant recordable cases in the digital ecosystem linking NFT and cultural heritage, and an extensive bibliographical overview of the most recent academic literature on the subject. The volume is conceived as a study and reference tool for reconstructing the vicissitudes of NFTs in the process of virtualization of reality in the light of the historical, applicative and social directions characteristic of the artistic and cultural landscape.

dialogo costante tra discipline e metodologie di ricerca tradizionali con pratiche innovative provenienti da ambiti eterogenei, non solo di area tecnologica. Grazie al contributo di storici e critici d'arte, studiosi di cinema, media, museologia, filosofia e mercato dei beni culturali, i saggi qui raccolti provano a fare chiarezza sugli esordi, sui momenti di crisi e sulle prospettive di sviluppo e di applicazione di questi "oggetti digitali".

Accompagnata da una cartografia dei casi più significativi registrabili nell'ecosistema digitale che legano NFT e patrimonio culturale, una vasta e ragionata ricognizione bibliografica della letteratura scientifica aggiornata sulla materia correda il volume. Che è concepito come uno strumento di studio e di consultazione per ricostruire le vicende degli NFT nel processo di virtualizzazione della realtà alla luce delle direttrici storiche, applicative e sociali proprie del panorama dell'arte e della cultura.

*Vincenzo Trione*

# NFT, art lives on the web[*]

## The crisis of the artworld

NFT, which stands for "Non-Fungible Token", is an app used by the artists of Crypto Art. This interesting and original movement is gaining popularity in the contemporary artworld and is driven by individuals within somewhat unclear boundaries often using pseudonyms or "nom de guerre". The phenomenon sparked discussions, controversy and interest in 2021. In March, *Time* magazine placed three iconic covers on the NFT auction site "SuperRare", while in July *Sette*, the weekly magazine of the newspaper *Corriere della Sera*, featured on its cover the reproduction of a certified and unique NFT artwork of the artist Skygolpe.

## Crypto Art

Skygolpe, Fabiello DaNGUIZ, Giovanni Motta, Federico Clapis all play a leading role in this *nouvelle vague*. Among them, Mike Winkelmann is the star. He shares his name with the great German 18th-century art historian and theorist of Neoclassicism Johann Joachim Winckelmann. The South Carolina-born, *nerd* graphic designer, has created animations for top music stars such as Ariana Grande, Justin Bieber, Childish Gambino, Shakira, Katy Perry, One Direction, Eminem, Zedd and Nicki Minaj. Drawing inspiration from a 1980s fuzzy toy, Winkelmann later turned himself into "Beeple" and in February 2021 he became a celebrity. His success skyrocketed when his collage *EVERYDAYS: THE FIRST 5000 DAYS*, sold for a whopping $ 69 million at Christie's, narrowly missing the 2019 auction record achieved by Jeff Koons' *Rabbit* ($ 91.1 million). It's an assemblage of 5,000 images, created and posted online by Beeple over a period of thirteen years, day after day, featuring absurd scenes like

*Vincenzo Trione*

# Nft, l'arte abita il web*

## La crisi dell'artworld

NFT. Ovvero, Non-Fungible Token. È, questo, il nome dell'app di cui si stanno servendo i protagonisti di uno tra gli orientamenti più interessanti e originali del mondo dell'arte contemporanea: la Crypto Art. Un movimento nato dal basso, animato da personalità che amano affidarsi a pseudonimi o a nomi di battaglia. Un indirizzo dai confini poco chiari. Un fenomeno che, nel 2021, ha alimentato discussioni, polemiche, interesse. A marzo *Time* ha messo in vendita tre copertine iconiche sul sito di aste NFT SuperRare. A luglio *Sette*, il magazine del *Corriere della Sera*, ha pubblicato in copertina la riproduzione di un'opera di NFT, certificata e unica, creata dal cryptoartista Skygolpe.

## Crypto Art

Tra i protagonisti di questa *nouvelle vague*, Skygolpe, Fabiello DaNGUIZ, Giovanni Motta, Federico Clapis. La star è Mike Winkelmann, quasi omonimo del grande storico dell'arte tedesco del Settecento, teorico del Neoclassicismo, Johann Joachim Winckelmann. Un *nerd* della Sud Carolina, graphic designer, autore delle animazioni dei concerti di star come Ariana Grande, Justin Bieber, Childish Gambino, Shakira, Katy Perry, One Direction, Eminem, Zedd e Nicki Minaj. Poi, ispirandosi a un giocattolo peloso degli anni Ottanta, Winkelmann è diventato Beeple. E nel febbraio del 2021 si è trasformato in una *celebrity*. Un suo collage è stato battuto da Christie's per 69 milioni di dollari, poco meno del record d'asta del 2019 raggiunto dal *Rabbit* di Jeff Koons (91,1 milioni di dollari). *EVERYDAYS: THE FIRST 5000 DAYS* è un assemblage di 5.000 immagini realizzate e postate in rete, giorno dopo giorno, per più di tredici

Donald Trump sitting on the White House or Santa Claus half-naked hugging a life jacket in a swamp.

This, however, is just the tip of the iceberg as the art market for this kind of work was estimated at $ 2.5 million in 2021 alone.


NFTs


We are not talking about the simple "buying and selling" of paintings or files that can be reproduced and exchanged with a quick "copy and paste". These digital artworks are encrypted with blockchain technology which certifies, legitimizes and guarantees their authenticity and uniqueness. Moreover, the NTF application enables the creation of collectible files that possess identified property value and traceability, making them ideal for sale on the market. In this way, an online register of Crypto Art is established and verified by the artist's signature. Any artwork that is not registered on this platform but is shared on social networks or forums must be regarded as fake. As a result, collectors must rely on this registry to purchase and resell digital paintings using cryptocurrencies or with traditional payment methods on specialized platforms such as SuperRare, Nifty Gateway, and Hashmasks.


A theory of the Crypto Art


These experiences are similar and yet different from those carried out by previous generations of net-artists. Cryptoartists like Beeple, David Blair and Antoni Muntada have chosen to immerse themselves in what the philosopher Luciano Floridi refers to as the "infosphere" (*Pensare l'infosfera*, Milan 2020). The infosphere is a shared and relational space where humans spend a significant amount of time and where a growing number of activities occur, such as education, work, socialization, entertainment, commerce, finance, research, journalism, political discussion, and the exercise of justice. Furthermore, for Beeple and his group computers are not merely impersonal tools but rather prodigious devices that can broaden, intensify and reproduce our mental life. For these artists, the web is a sort of habitat that should be populated with artworks produced with the help of technology, to promote alternative forms of fruition. Cryptoartists are interpreters of what has been defined

anni, una specie di paradossale arazzo pulp fatto di scene spesso assurde (Donald Trump seduto a cavalcioni sulla Casa Bianca, Babbo Natale seminudo, abbracciato a un salvagente in un acquitrino).

Ma, questa, è solo la punta di un iceberg: secondo alcune stime, le transazioni legate a opere di questo tipo nel 2021 si aggirano intorno ai 2,5 milioni di dollari.


NFT


Non si tratta di una semplice compravendita di quadri né di file riproducibili e interscambiabili con un veloce "copia e incolla". Si tratta, invece, di dipinti digitali che possono essere commercializzati, ma non duplicati, perché criptati grazie alla tecnologia blockchain che li certifica, ne legittima e ne garantisce l'autenticità e l'unicità; e grazie all'applicazione NFT, che consente la creazione di file collezionabili, dei quali si possono individuare proprietà, valore, tracciabilità. Si costruisce così un registro online della Crypto Art, garantito dalla firma dell'artista. È un falso qualsiasi lavoro che non sia schedato in quel regesto, ma circoli su Internet attraverso i social o i forum. I collezionisti devono attingere solo a questo database, acquistando (o rivendendo) i quadri digitali con criptomonete ma anche con metodi di pagamento tradizionali su piattaforme specifiche (SuperRare, Nifty Gateway, Hashmasks).


Per una teoria della Crypto Art


Tante le affinità e molte le differenze tra queste esperienze e quelle portate avanti dai net-artisti della generazione precedente. In sintonia con artisti come, tra gli altri, David Blair e Antoni Muntadas, Beeple e gli altri cryptoartisti scelgono di aderire a quella che il filosofo Luciano Floridi ha chiamato "infosfera" (*Pensare l'infosfera*, Milano 2020): uno spazio relazionale, condiviso e comune dove l'umanità trascorre sempre più tempo e dove si svolgono sempre più attività (dall'educazione al lavoro, dalla socializzazione all'intrattenimento, dal commercio alla finanza, dalla ricerca al giornalismo, dall'esercizio della giustizia alla discussione politica). Inoltre, Beeple e il suo gruppo trattano i computer non come impersonali attrezzi, ma come dispositivi prodigiosi nell'estendere, nell'amplificare e nel moltiplicare la nostra vita psichica. Il web, per questi artisti, è come un habitat da occupare con quadri realizzati con strumenti tecnologici, destinati a favorire diverse modalità di fruizione. Interpreti di

as "Expanded Internet Art". They differ from net artists because they do not aim to challenge the conventional museum concept of art relying solely on the web. In addition, they do not criticize the market or violate the agreement between the creator and the buyer. They prefer to stick to the traditional concept of authorship.

Cryptoartists are "barbarians" without any academic training who aim to merge art with the web. They embrace the "gamification" trend and create decorative, technological canvases that are easy to "Instagram". Their artworks incorporate elements of late Surrealism and are full of allusions to the exercises of Salvador Dalí and Jean Tinguely with echoes of the latest news. These high-definition works are not merely documentation of paintings, sculptures, photographs or installations. Rather, they are designed to exist in the "otherworld" of the internet, which is capable of reactivating Walter Benjamin's idea of the aura in a new register.

Between dematerialization and rematerialization

The results achieved by Beeple and his colleagues might appear naïve and incorporeal, a sort of colorful simulacrum. Digital illustrations in 2D and 3D, these artworks seem to be inspired by the utopian ideas of Guillaume Apollinaire and Marcel Duchamp who believed in the idea of art made of nothing. They are essentially dematerialized paintings, which align with Paul Klee's prophecy from the early 20th century: "The more horrifying this world becomes, the more art becomes abstract, whereas a happy world brings forth an art of the here and now" (Paul Klee, *The Diaries of Paul Klee: 1898-1918*, 1957, introduction by Felix Klee, Berkeley 1964).

We are standing in front of artworks that differ from most of the works we may find on the Internet and social media platforms because they do not aim to react to the "decadence of faith in the eternal ideas and the divine spirit" prefiguring "a future when things that are contemporary to us will be eclipsed", as observed by Boris Groys (*In the flow*, London 2016). Instead, they try to resist the flow of time. They dream to remain and to be collected, displayed inside a museum, and even restored. They represent the return of the economy of rarity and reaffirm the eternal importance of "too human" values such as originality and non-replicability.

The ultimate aim is to catch off guard and overcome any mediation from critics, museum directors, gallery owners and dealers. And to undermine many of the "art system liturgies" that include a mix of avant-garde and conformity, experiment and

quella che è stata definita Expanded Internet Art, però, a differenza dei net-artisti, i cryptoartisti non si misurano con il web per mettere in crisi la concezione museale dell'arte; né criticano il mercato, rompendo il patto tra artefice e acquirente. E ancora: non vogliono neanche portarsi oltre il concetto tradizionale di autorialità.

Barbari privi di ogni preparazione accademica, i cryptoartisti vogliono saldare arte e web. Nell'assecondare quella *gamification* da cui tutti siamo contagiati, inventano tele tecnologiche piuttosto decorative, facili da "instagrammare", d'impronta tardo-surrealista, dense di richiami agli esercizi di Salvador Dalí e Jean Tinguely, percorse da echi di cronaca. Non documentazioni di quadri, sculture, fotografie o installazioni, ma opere "vere", eseguite in alta definizione, difficili da trasmettere, concepite per stare dentro quell'"oltremondo" che è la rete, in grado di riattivare, pur se su un registro inedito, il ritorno dell'idea di aura cara a Walter Benjamin.

Tra dematerializzazione e rimaterializzazione

Gli esiti raggiunti da Beeple e dai suoi compagni, spesso, appaiono ingenui. Simulacri policromi, privi di ogni fisicità. Illustrazioni digitali 2D e 3D, eredi delle lontane utopie di Guillaume Apollinaire e di Marcel Duchamp sull'arte fatta di niente. Dipinti dematerializzati, che concretizzano una profezia enunciata agli inizi del Novecento da Paul Klee: "Quanto più è spaventoso questo mondo, come oggi, tanto più astratta è l'arte, mentre un mondo felice produce un'arte dell'al di qua" (Paul Klee, *Diari: 1898-1918*, 1957, prefazione di Giulio Carlo Argan, Milano 1960).

Siamo dinanzi a quadri che, però, a differenza della maggior parte dei lavori diffusi su Internet e sui social, non vogliono reagire alla "decadenza della fede nelle idee eterne e nello spirito divino", prefigurando "quel futuro in cui le cose a noi contemporanee si eclisseranno", come ha osservato Boris Groys (in *In the flow*, 2016, Milano 2018). Ma provano a far resistenza al fluire del tempo. Sognano di rimanere. Di essere collezionati (forse, anche restaurati). E musealizzati. Sancendo il ritorno dell'economia della rarità. E riaffermando l'eterna attualità di valori "troppo umani" come quelli di originalità e di non replicabilità.

Il fine ultimo: prendere in contropiede e superare ogni mediazione (critici, direttori di musei, galleristi, mercanti). E mettere in crisi tante liturgie proprie del sistema dell'arte, complessa miscela di avanguardia e di conformismo, di sperimentalismo e di dogmatismo: come dimostrano la Biennale di Venezia e la Documenta di Kassel, grandi rassegne internazionali che dichiarano di voler intercettare indizi del "nuovo",

dogmatism. For instance, international exhibitions like the Venice Biennale and Documenta in Kassel show and declare the desire to intercept clues of the "new", but sometimes they end up replicating conventional rituals. They seem to be indifferent to the radical changes happening in the cognitive paradigms and in the world around us. They are anchored to a 20th-century logic, and follow the rules of the *art system,* as if we were still living in the era of Duchamp or Andy Warhol.

## What kind of sustainability?

Nonetheless, Crypto Art has a disturbing side as well. It is something that stands on the threshold, between dematerialization and rematerialization. These darker aspects have been widely discussed in the international press. Artists today are becoming more aware of environmental and ecological concerns in their work. However, cryptoartists seem to disregard art's civil and ethical dimensions and, just like Aldo Palazzeschi, seem to repeat: "Let us have fun!". This lack of engagement can result in artworks that do not consider sustainability issues. Research has shown that blockchain and NFTs consume a significant amount of energy, leading to a huge waste of energy. For instance, exchanging a Crypto Art file requires the same amount of electricity needed to power an artist's studio for two years. Moreover, creating a crypto artwork requires the same energy as a two-hour plane flight or a 500-mile trip in a typical American car. Some studies carried out by renowned international universities have revealed that blockchain and NFT processes rely on complex calculations that necessitate high computing power. Multiple processors operate simultaneously to create digital files using efficient and energy-intensive cooling systems, which are vital to prevent the machines from overheating.

## NFT and the future

It's not easy to say what the future of NFTs will be. Crypto Art is facing a critical moment. Despite being in its early stages, it risks becoming outdated quickly, unless some issues are addressed. One challenge is moving away from the mechanical style often used in architectural designs. At the same time, the environmental impact caused by blockchain and NTFs needs to be reduced. If the NFTs reach maturity, we will witness a small Copernican revolution in the art system.

ma che, in realtà, talvolta, sembrano replicare stancamente ritualità convenzionali, indifferenti ai radicali cambi di paradigmi conoscitivi oggi in atto, ancorate a una logica novecentesca, portate a muoversi come se fossimo nell'epoca di Duchamp o di Andy Warhol, inclini ad assecondare le regole dell'*art system*.

## Quale sostenibilità?

Eppure, c'è un lato perturbante dietro la Crypto Art, che si pone sulla soglia tra smaterializzazione e rimaterializzazione. Si tratta dei lati oscuri di cui si è discusso in vari interventi usciti sulla stampa internazionale. In un'epoca come la nostra, segnata dalla crescente sensibilità da parte degli artisti verso le urgenze ambientali ed ecologiche, i cryptoartisti sembrano ripetere, un po' alla Aldo Palazzeschi: "E lasciateci divertire!". Senza tener conto, però, della dimensione civile ed etica dell'arte. Da questo disimpegno nascono lavori incuranti delle questioni legate alla sostenibilità. Alcune ricerche hanno dimostrato che il ricorso alla blockchain e a NFT richiede uno spreco di energia molto elevato. Alcuni dati appaiono sorprendenti e, insieme, inquietanti. Si è calcolato che lo scambio di un file di Crypto Art richieda la stessa quantità di elettricità necessaria per alimentare lo studio di un artista per due anni. Inoltre, la creazione di un'opera di Crypto Art sfrutterebbe una quantità di energia pari a un volo in aereo di due ore o a un viaggio di 500 miglia su una tipica automobile americana.

Il processo di blockchain e di NFT, come è emerso dagli studi di prestigiosi atenei internazionali, si fonda su complessi calcoli che richiedono ai computer prestazioni molto elevate: decine di processori che si "muovono" contemporaneamente per generare i file digitali servendosi di strumenti di raffreddamento molto efficienti e avidi di energia, indispensabili per evitare il surriscaldamento delle macchine.

## NFT e il futuro

È difficile prevedere il futuro per gli NFT. Appena nata, la Crypto Art è a un bivio. Restare giovane, condannandosi però a una rapida obsolescenza. O provare a risolvere alcune approssimazioni e aporie. Dunque, inventare uno stile meno meccanico, lontano dalle soluzioni adottate nei render degli architetti. E, al tempo stesso, sperimentare stratagemmi per ridurre l'impatto ambientale suscitato da blockchain e da NFT. Se il fenomeno degli NFT riuscirà a diventare adulto, assisteremo a una piccola rivoluzione copernicana nel sistema dell'arte.

Bibliography

Luciano Floridi, *Pensare l'infosfera. La filosofia come design concettuale*, Raffaello Cortina, Milano 2020

Boris Groys, *In the flow. L'opera d'arte nell'epoca della sua riproducibilità digitale* (2016), Postmedia Books, Milano 2018

Paul Klee, *The Diaries of Paul Klee: 1898-1918*, (1957), University of California Press, Berkeley 1964

*. A first version of this text was published in the *Enciclopedia Treccani dell'Arte Contemporanea*, edited by Vincenzo Trione and Valeria Della Valle, Istituto dell'Enciclopedia Italiana, Roma 2021

Bibliografia

Luciano Floridi, *Pensare l'infosfera. La filosofia come design concettuale*, Raffaello Cortina, Milano 2020

Boris Groys, *In the flow. L'opera d'arte nell'epoca della sua riproducibilità digitale* (2016), Postmedia Books, Milano 2018

Paul Klee, *Diari: 1898-1918* (1957), Il Saggiatore, Milano 1960

*. Una prima versione di questo testo è stata pubblicata nell'*Enciclopedia Treccani dell'Arte Contemporanea*, diretta da Vincenzo Trione e Valeria Della Valle, Istituto dell'Enciclopedia Italiana, Roma 2021

*Maria Grazia Mattei*

# ARTeCHÓ: NFT, Blockchain and Contemporary Art

In the ever-evolving context of emerging technologies, in recent years blockchain technology and NFTs (Non-Fungible Tokens – digital ownership certificates exchanged within a blockchain) have caused a significant stir in the world of culture and art. This has led to a massive and unprecedented exhibition and market success.

New technologies and platforms artists use are quite complex and differ significantly from traditional tools used by artists. As pointed out by Jones and Skinner[1], these instruments have a paradoxical nature. They are transparent and decentralized, yet they are based on a payment system that – despite the use of open-source software – is usually centralized and linked to a speculative market logic.

The complexity of this scenario offers a great opportunity for the new generations of artists. It enables them to explore new ways of shaping the relationship between art, technology, institutions, market and environment. They can also test the ability of artistic languages to understand, adapt to, dialogue, communicate with and even subvert the dominant discourse of the world of finance and technology.

These issues have always been very important to MEET, the first International Center for Digital Art and Culture founded in Milan in 2018. MEET promotes digital culture in Italy as a driving force for creative activities and the well-being of citizens. Achieving these objectives requires the citizens to have critical technological literacy, especially in the southern regions of Italy[2] where this problem is sadly still far from being solved[3]. MEET has been working for many years to bridge the endemic "digital divide" in the country by introducing these themes into humanistic, scientific and artistic Italian culture. This is done by inviting international digital culture experts to the capital of Lombardy and staying updated with the global technological debate, identifying emerging trends, and sharing projects, ideas, and experiences in a radically international network.

*Maria Grazia Mattei*

# ARTeCHÓ: NFT, Blockchain e arte contemporanea

Nel panorama in continua evoluzione delle tecnologie emergenti, negli ultimi anni le blockchain e gli NFT (Non-Fungible Token) – i certificati di proprietà digitali scambiati all'interno di una blockchain – hanno suscitato un clamore, e un successo espositivo e soprattutto di mercato, senza precedenti nel mondo della cultura e dell'arte.

Si tratta di tecnologie e piattaforme nuove, dal funzionamento complesso, e lontano dai tradizionali strumenti a disposizione degli artisti. Sono strumenti abitati, come notano Jones e Skinner[1], da intrinseci paradossi: trasparenti e decentralizzati da un lato, sono dall'altro fondati su un sistema di pagamento che – nonostante utilizzi software open-source – ha implementazioni quasi sempre centralizzate, e solidali a logiche speculative e di mercato.

La complessità di questo scenario costituisce tuttavia anche una straordinaria risorsa per le nuove generazioni di artisti, consentendo loro di mettere in atto modalità inedite per improntare il rapporto dell'arte con la tecnologia, le istituzioni, il mercato e l'ambiente. Per testare le possibilità dei linguaggi artistici di comprendere, inserirsi, dialogare, e a volte sovvertire i discorsi egemonici del mondo della finanza e della tecnologia.

Queste questioni sono da sempre molto care al MEET, il primo Centro internazionale per l'Arte e la Cultura Digitale nato a Milano nel 2018, che promuove la cultura digitale in Italia come volano per le attività creative e il benessere dei cittadini. Obiettivi che richiedono un'alfabetizzazione tecnologica critica da parte della cittadinanza – in Italia, e specialmente nelle regioni del sud[2], un problema ancora tristemente lontano dall'essere risolto[3]. Da anni, il MEET si propone di intervenire sull'endemico *digital divide* del Paese, introducendo questi temi nella cultura – umanistica, scientifica e artistica – italiana. Da un lato, invitando nel capoluogo lombardo esperti della cultura digitale internazionale, e dell'altro mantenendosi *up to date* con il dibattito

For these reasons, MEET is likely to be the favored platform to reflect on the changes brought about by NFT technology in art and its market. These changes allow us to draw attention to issues that go beyond them, to include a wider philosophical and social ecosystem that addresses the role of technology in the Anthropocene, of aesthetics in capitalism, and of the possibility of a democratic and participatory digital culture shortly. MEET has been focusing on NFTs since 2022, when its spaces hosted the first immersive exhibition, dedicated to the phenomenon and the aesthetics of the Metaverse (Mauro Martino, *Mapping of NFT Revolution*, MEET 7-27 September 2022). Since then, MEET has played a crucial role in Italy as an observatory, mapping the phenomenon by combining research with the languages of art and experimentation with militant cultural criticism.

From April to October 2023, the ARTeCHÓ (Art, Economy and Technology) project took place in partnership with MEET, SERN (Startup Europe Regions Network), Baltan Laboratories in Eindhoven, the Etopia Center for Art & Technology in Zaragoza and the Frankfurt School Blockchain Center. The project aimed to develop a peer-to-peer learning community. Fifteen international artists were selected for seven-month fellowships. They were provided with the necessary tools to acquire skills related to the technical aspects of the artistic process and its intersection with new technologies. ARTeCHÓ enabled a participatory, intermediate and transdisciplinary artistic practice and reflection. The project is not just an incubator for artistic projects, but also a cultural experiment. This provided the opportunity to test a new way of conducting research by bringing together practices, policies, and studies from various fields with the ultimate aim of promoting artistic projects that could relate consciously and critically to the debate on new technologies.

The different projects have explored NFTs and blockchain technology from different perspectives, as we have done in this volume. This approach has highlighted the intricate and multi-layered nature of the topic under study. It has enabled them to consider which issues are most pressing and significant for contemporary artistic discourses.

One of the recurring themes in the artists' research is the interconnectedness of human and non-human beings. There is a growing need to develop economic and cultural models that consider other forms of life besides humans. Here, technology is conceived as a tool for critically reflecting on the Anthropocene, toward new ecologies and forms of symbiosis with nature.

tecnologico mondiale, individuando le tendenze emergenti e condividendo progetti, idee ed esperienze all'interno di un network radicalmente internazionale.

Per questi motivi, il MEET è apparso come una piattaforma privilegiata per riflettere sui cambiamenti causati dalla tecnologia NFT nell'arte e nel suo mercato, ma anche su come questi ultimi consentano di attrarre l'attenzione su tematiche che in buona parte li trascendono, riguardando un ecosistema filosofico e sociale più ampio: il ruolo della tecnologia nell'Antropocene, dell'estetica nel capitalismo, della possibilità di una cultura democratica e partecipativa digitale in un futuro prossimo. L'attenzione del MEET per gli NFT risale, in effetti, già al 2022, quando gli spazi del Centro hanno ospitato la prima mostra immersiva dedicata al fenomeno e all'estetica del Metaverso (Mauro Martino, *Mapping di NFT Revolution*, MEET 7-27 settembre 2022). Fin da allora si evidenziava con chiarezza il ruolo ricoperto in Italia dal MEET come osservatorio, quasi "periscopio", per mappare il fenomeno ibridando la ricerca con i linguaggi dell'arte, e la sperimentazione con la critica culturale militante.

In parziale continuità con questi obiettivi, da aprile a ottobre 2023, si è svolto il progetto ARTeCHÓ (Art, Economy & Technology), realizzato in partnership dal MEET, la SERN – Startup Europe Regions Network di Bruxelles, i Baltan Laboratories di Eindhoven, l'Etopia Center for Art and Technology di Saragozza e la Frankfurt School Blockchain Center di Francoforte. ARTeCHÓ si è posto l'obiettivo di sviluppare una comunità di apprendimento peer-to-peer. Sono stati selezionati quindici artisti internazionali per fellowship della durata di sette mesi e sono stati loro forniti gli strumenti per acquisire competenze sul lato tecnico del processo artistico, e sul suo intersecarsi con le nuove tecnologie. I risultati sono stati una riflessione e una pratica artistica partecipative, intermediali e transdisciplinari. ARTeCHÓ, del resto, non si pone solamente come incubatore di progetti artistici, ma come vero e proprio esperimento culturale. Nel corso del progetto, si è infatti testato un nuovo modo di fare ricerca: riunendo pratiche, politiche e studi provenienti da ambiti eterogenei, con il fine ultimo di promuovere progetti artistici in grado di rapportarsi consapevolmente, criticamente, nel dibattito sulle nuove tecnologie.

I diversi progetti hanno avvicinato, come si è scelto di fare anche in questo volume, gli NFT e la tecnologia blockchain da una varietà di prospettive – evidenziando così non solo la complessa e stratificata natura dell'oggetto in esame, ma anche quali questioni risultano più urgenti e importanti per i discorsi artistici contemporanei.

Thus, *Cnidarian Economics*, by Ianis Dovrev, and *Quantum Research Group*, by Hrvoje Hiršl, argue for artificial intelligence that is not inspired by the anthropoid or by capitalist culture but by other species and phenomena, to diversify the agents that shape the economy through finance. We can find a similar perspective also in *Dropstream economies*, by Carlos Monleon Gendall. He models smart blockchain-based contracts for river management on the behavior of river ecosystems, within a "multi-species governance system". The *Maiz project*, created by Cristobal Ascencio Ramos, involves working closely with ecosystems and local communities as well. The project brings together cultural and agricultural experts, local communities, and farmers to develop a collection of NFTs that celebrates the diverse range of corn species found throughout the Mexican territory. The *Bubble project*, created by Susana Ballesteros and Jano Montañes, highlights the hidden connection between the time of capitalism and the financial speculation that supports the production of NFTs, and the natural and long time for the resources consumed during this process – locking purchased NFTs to investors for a period of 461 days. That is the time it takes for a medium-sized mature tree to eliminate the estimated carbon footprint created by the production of an NFT and subsequent transactions. In his work *Rememberance and Digital Temporalities* Peter Kærgaard Andersen explores the relationship between human and non-human temporalities, and how they can interact digitally. He draws connections between NFT models of endangered and extinct species and the material traces left by our digital networks. These traces include minerals, metals, and the impact of resource extraction on landscapes and ecosystems.

The projects share the common goal of promoting and reimagining a more sustainable and inclusive economy that takes into account the environmental, cultural, and economic needs of the various communities involved. They accomplish this goal by challenging the traditional division between human and non-human entities and recreating socioeconomic and technological systems in creative and political ways.

Other projects, such as *The Wonder, Decentralized Reality, Network Play* and *Godmode Chronicles* work on another aspect of the ongoing technological revolution. They explore the new possibilities of participatory storytelling created by the medium. By challenging the traditional notion of passive artistic enjoyment, these projects offer a dynamic experience where the users can actively influence the development and evolution of the work. Michele Bazzoli's *The Wonder* creates a hybrid digital

Uno dei temi che emerge con forza nella ricerca degli artisti è quello dell'interconnessione tra esseri umani e non umani, e la necessità di provare a formulare modelli economici e culturali che includano altre forme di vita oltre all'uomo. Qui, la tecnologia viene concepita come strumento per riflettere criticamente sull'antropocene, verso nuove ecologie e forme di simbiosi con la natura.

Così *Cnidarian Economics*, di Ianis Dovrev, e *Quantum Research Group* di Hrvoje Hiršl ricercano un'intelligenza artificiale non ispirata all'antropoide, e alla cultura capitalista, ma ad altre specie e fenomeni, con l'obiettivo di diversificare il tipo di agenti che plasmano l'economia attraverso la finanza. Una prospettiva simile è adottata anche in *Dropstream Economies*, di Carlos Monleon Gendall – che modella gli *smart contract* basati sulla blockchain per la gestione fluviale secondo il comportamento degli ecosistemi fluviali, in un "sistema di governance multispecie". In contatto con gli ecosistemi e le comunità locali è anche il progetto *Maiz*, di Cristobal Ascencio Ramos, che coinvolge esperti del settore agricolo e culturale, insieme alle comunità locali e ai contadini, nella creazione di una collezione di NFT che celebra la diversità delle specie di mais sul territorio messicano. Ancora, il progetto *Bubble*, di Susana Ballesteros e Jano Montañes, porta l'attenzione sul rapporto, invisibile, tra il tempo del capitalismo e la speculazione finanziaria che regge la produzione di NFT, e il tempo naturale e lungo delle risorse che questi richiedono e consumano – bloccando agli investitori, per 461 giorni, gli NFT acquistati (il periodo necessario a un albero maturo di medie dimensioni per eliminare l'impronta di carbonio stimata per la produzione di un NFT nella sua creazione e successive transazioni). Il rapporto tra temporalità umane e non umane, e le loro possibili interazioni digitali, è al centro anche di *Rememberance and Digital Temporalities* di Peter Kærgaard Andersen – che mette in relazione modelli NFT di specie in pericolo ed estinte con le tracce materiali delle nostre reti digitali (i minerali, i metalli e le alterazioni che la ricerca di risorse produce in paesaggi ed ecosistemi).

I progetti condividono l'obiettivo di promuovere, e reimmaginare, un'economia più sostenibile e inclusiva, che tenga conto delle esigenze ambientali, culturali ed economiche delle diverse comunità coinvolte. E lo fanno superando le dicotomie tradizionali tra umano e non umano, in una ricreazione creativa, e politica, dei sistemi socioeconomici e tecnologici in cui intervengono.

Altri progetti, come *The Wonder, Decentralized Reality, Network Play* e *Godmode Chronicles* lavorano su un altro aspetto della rivoluzione tecnologica in atto, esplorando le nuove possibilità di narrazione partecipativa consentite dal medium.

environment that allows users to enjoy personalized experiences while purchasing NFT artworks. Users can also actively design and develop the experience, becoming an essential part of the creative process. *Godmode Chronicles*, by dmstfctn, recovers stylistic elements from the world of video games and proposes an emerging narrative game in which players collaborate to create stories using data from an AI simulation. Users select and organize the narrative elements and by doing so they make the narration decentralized and participatory. This is not just a game, as the artists warn. It's the "first prototype of a *Large Lore Model*"[4], that explores decentralized on-chain storytelling. Narrative, blockchain, and new participatory strategies also coexist in the interactive graphic web novel *Decentralizing reality*, by Belgian artist Fanny Zaman, and in *Network Play* by Paula Nishijima. This web app takes the form of a game and encourages and records the behaviors, lines of force, and decision-making of individuals (the players) within the network. It is a bridge between experimental narrative and social criticism, combining game design with studies of network topology.

The same urgency is found in those projects that aim to expose the intricate economic and political machinations behind technological structures and use artistic interventions as a means of protest and subversion. *Datatangible*, by Azahara Cerezo, for example, traces the supply chain that led to the creation of a laptop. Here the infrastructure, the hardware, is not just a neutral tool and technology once again interacts with the nature of aluminum, PVC, copper and also with the instruments and the stories that compose it, not at all virtual. *An Atlas to track Crypto-Colonialism*, by the artist César Escudero Andaluz, aims to bring the discussion around technology back to its economic and social dimensions. By creating a digital atlas, César explores and visualizes the implications of crypto-colonialism and raises awareness of blockchain technologies' ethical and social consequences.

Silvia Binda Heiserova explores the political potential of decentralization, both technological and otherwise. In her work, *Generative 3D Sculptures Exploring Virtual Feminism in 2023*, she creates 3D sculptures in virtual space that change over time. These sculptures are generated from digital data linked to the term "feminism", in a generative representation of contemporary culture. Here, the idea of decentralization is not a mere technical concept but a principle that promotes the diverse participation and representation of a wide range of voices and perspectives. *Aura Protocol*, created by Egor Kraft, also aims to give marginalized individuals a voice in socioeconomic discussions by leveraging the decentralized

Questi progetti sfidano il concetto tradizionale di fruizione artistica passiva, offrendo un'esperienza dinamica, in cui gli utenti possono influenzare attivamente lo sviluppo e l'evoluzione dell'opera. *The Wonder* di Michele Bazzoli realizza così un ambiente digitale ibrido, dove gli utenti possono accedere a esperienze personalizzate attraverso l'acquisto di opere NFT, acquisendo un ruolo di primo piano nella creazione e nell'evoluzione dell'esperienza, e trasformandosi in parte integrante del processo creativo. Anche *Godmode Chronicles*, di dmstfctn, recupera stilemi del mondo dei videogame, proponendo un gioco narrativo emergente, in cui i giocatori collaborano per creare storie utilizzando dati provenienti da una simulazione AI. Gli utenti sono responsabili della selezione e dell'organizzazione degli elementi narrativi, rendendo così la narrazione decentralizzata e partecipativa. Non si tratta tuttavia, avvertono gli artisti, soltanto di un gioco, ma del "primo prototipo di un *Large Lore Model*"[4], che esplora la narrazione decentralizzata *onchain*. Narrativa, blockchain e strategie partecipative inedite convivono anche nella *graphic web novel* interattiva *Decentralizing reality*, dell'artista belga Fanny Zaman, e in *Network Play*, di Paula Nishijima, un'app web in forma di gioco, che favorisce, e registra, i comportamenti, le linee di forza e il *decision making* degli individui (i giocatori) all'interno della rete. Un modo di procedere che coniuga il game design agli studi sulla *network topology*, gettando un ponte tra narrativa sperimentale e critica sociale.

La stessa urgenza si ritrova, in modo diverso, anche in quei progetti che mirano a svelare le complesse trame, economiche e politiche, sottese alle strutture tecnologiche – utilizzando l'intervento artistico come strumento, insieme, di denuncia e sovversione. Ne è un esempio *Datangible*, di Azahara Cerezo, che ripercorre la *supply chain* che porta alla creazione di un laptop, rendendo l'infrastruttura, l'hardware, dell'opera uno strumento non neutro – in cui la tecnologia incontra di nuovo la natura dell'alluminio, del pvc, del rame, e degli strumenti e le storie, nient'affatto virtuali, che la compongono. Un approccio mosso dall'analogo intento di riportare il discorso sulla tecnologia alla sua dimensione economico-sociale è quello che caratterizza *An Atlas to track Crypto-Colonialism*, in cui l'artista César Escudero Andaluz esplora e visualizza, attraverso la creazione di un atlante digitale, le implicazioni del crypto-colonialismo, sensibilizzando sulle conseguenze etiche e sociali delle tecnologie blockchain.

Il potenziale politico della decentralizzazione, tecnologica e non, viene infine esplorato da Silvia Binda Heiserova – che in *Generative 3D Sculptures Exploring Virtual Feminism in 2023* – realizza, nello spazio virtuale, sculture 3D che si

nature of technology. This platform differs from the traditional art markets since it is based on a DAO model of property and governance. It is not just a regular market platform, but an open-source protocol that encourages self-initiative from artists themselves. This approach allows artists to reclaim the economic centrality that, paradoxically, is often denied to them by the traditional artworld.

Upon this quick overview, we face interventions that can intercept future moments in super-contemporary technological culture. Following their plots, highlighting their ghosts, and imagining futures and presents that are alternative to those provided by a technology that is often not critically accepted. ARTeCHÓ, therefore, is not just an investment in the present, but it also acknowledges the potential of such initiatives in shaping the future of culture. These projects are the first steps of paths that deserve to be further explored and supported, as they represent a promising intersection of art, technology and economy, promoting an inclusive and aware digital culture. Therefore supporting and funding such initiatives is an ideologically brave decision for the artistic and technological culture of the present, as well as an investment in the growth and development of the future.

modificano nel tempo, a partire dai dati digitali legati al termine "femminismo", in una rappresentazione generativa della cultura contemporanea. L'idea di decentralizzazione viene qui espressa non solo come un concetto tecnico, ma anche come un principio che promuove la partecipazione e la rappresentazione di una vasta gamma di voci e prospettive. Un intervento simile, che intende sfruttare la natura decentralizzata della tecnologia per includere voci altrimenti marginalizzate dai discorsi socioeconomici, è *Aura Protocol* di Egor Kraft. L'opera, a differenza dei mercati dell'arte tradizionali, è una piattaforma retta da un modello di governance e di proprietà DAO. Si tratta di un protocollo open-source, non una semplice piattaforma di mercato, che promuove l'iniziativa dal basso, costruita dagli artisti stessi, che si riappropriano così di una centralità economica che il mondo dell'arte tradizionale, paradossalmente, nega loro.

Come risulta da questa rapida panoramica, siamo al cospetto di interventi in grado di intercettare, nella cultura tecnologica super contemporanea, istanti di futuro. Seguendone le trame, evidenziandone i fantasmi e immaginando futuri, e a volte presenti, alternativi possibili a quelli forniti da una tecnologia troppo spesso non accolta criticamente. ARTeCHÓ non rappresenta allora solo un investimento nel presente, ma anche un riconoscimento del potenziale di queste iniziative nel plasmare il futuro della cultura. Questi progetti segnano i primi passi lungo percorsi che meritano di essere ulteriormente esplorati e sostenuti; in quanto intersezioni fertili tra arte, tecnologia ed economia, che contribuiscono a promuovere una cultura digitale più inclusiva e consapevole. Continuare a osservare e finanziare tali iniziative costituisce dunque tanto una scelta ideologicamente coraggiosa per la cultura artistica e tecnologica del presente, quanto un investimento nella crescita e nell'evoluzione di quella del futuro.

Bibliography

Emanuela Bologna – Miria Savioli, *The digital divide in Italy: a gender and territorrial problem*, INSTAT working paper 6, 16 April 2023, https://unece.org/statistics/documents/2023/04/digital-divide-italy-gender-and-territorial-problem-istat

Dmstfctn, Eva Jäger, Alasdair Milne, *Large Lore Models,* https://aw.network/posts/large-lore-models

Nathan Jones – Sam Skinner, *A Quasi proto preface*, in Id. et al. (eds.), *Artists Re: Thinking Blockchain*, Torque Editions & Furtherland, Liverpool 2017

Susanna Traversa, Andrea Ciacci, Enrico Ivaldi, Reyes González-Relaño, "Measuring the Digital Gap in Italy: A NUTS-2 Level Index", in R. C. Das (ed.), *Globalization, Income Distribution and Sustainable Development*, Emerald Publishing Limited, Leeds 2022, pp. 265-281

1. Nathan Jones – Sam Skinner, *A Quasi proto preface*, in Id. et al., *Artists Re: Thinking Blockchain*, Torque Editions & Furtherland, Liverpool 2017, p. 9

2. Emanuela Bologna – Miria Savioli, *The digital divide in Italy: a gender and territorrial problem*, INSTAT working paper 6, 16 April 2023, https://unece.org/statistics/documents/2023/04/digital-divide-italy-gender-and-territorial-problem-istat

3. Susanna Traversa, Andrea Ciacci, Enrico Ivaldi, Reyes González-Relaño, "Measuring the Digital Gap in Italy: A NUTS-2 Level Index", in R. C. Das (ed.), *Globalization, Income Distribution and Sustainable Development*, Emerald Publishing Limited, Leeds 2022, pp. 265-281

4. Dmstfctn, Eva Jäger, Alasdair Milne, *Large Lore Models,* https://aw.network/posts/large-lore-models

Bibliografia

Emanuela Bologna – Miria Savioli, *The digital divide in Italy: a gender and territorrial problem*, INSTAT working paper 6, 16 aprile 2023, https://unece.org/statistics/documents/2023/04/digital-divide-italy-gender-and-territorial-problem-istat

Dmstfctn, Eva Jäger, Alasdair Milne, *Large Lore Models,* https://aw.network/posts/large-lore-models

Nathan Jones – Sam Skinner, *A Quasi proto preface*, in Id. *et al.* (a cura di), *Artists Re: Thinking Blockchain*, Torque Editions & Furtherland, Liverpool 2017

Susanna Traversa, Andrea Ciacci, Enrico Ivaldi, Reyes González-Relaño, "Measuring the Digital Gap in Italy: A NUTS-2 Level Index", in R. C. Das (a cura di), *Globalization, Income Distribution and Sustainable Development*, Emerald Publishing Limited, Leeds 2022, pp. 265-281

1. Nathan Jones – Sam Skinner, *A Quasi proto preface*, in Id. *et al.* (a cura di), *Artists Re: Thinking Blockchain,* Torque Editions & Furtherland, Liverpool 2017, p. 9

2. Emanuela Bologna – Miria Savioli, *The digital divide in Italy: a gender and territorrial problem*, INSTAT working paper 6, 16 aprile 2023, https://unece.org/statistics/documents/2023/04/digital-divide-italy-gender-and-territorial-problem-istat

3. Susanna Traversa, Andrea Ciacci, Enrico Ivaldi, Reyes González-Relaño, "Measuring the Digital Gap in Italy: A NUTS-2 Level Index", in R. C. Das (a cura di), *Globalization, Income Distribution and Sustainable Development*, Emerald Publishing Limited, Leeds 2022, pp. 265-281

4. Dmstfctn, Eva Jäger, Alasdair Milne, *Large Lore Models,* https://aw.network/posts/large-lore-models

*Anna Luigia De Simone*

# NFT and art, exhibition attempts in Italy

*Nothing has more aura than the invisible.*
*The visualization of the invisible*
*is the most radical form of its profanation.*
Boris Groys, *Art Power*

### From the flow to the gallery

The year 2021 witnessed a significant rise in the popularity of the Non-Fungible Token phenomenon in the global artworld. This was evident through the widespread coverage of NFTs in both general and specialized magazines, record-breaking auction sales, such as the $69 million sale of Beeple's *EVERYDAYS: THE FIRST 5000 DAYS* and the establishment of dedicated museums like the Seattle NFT Museum and NFT Museum of Lynn University. In 2022 another trend emerged in the NFT world – the increasing number of exhibitions and reviews that showcased these digital objects, whose existence and ownership are guaranteed by the web and blockchain technology[1], in physical spaces like museums, galleries and foundations[2]. Given this premise, it is peculiar to think about the sudden decline of interest in the art system in the art-NFT combination, which was observed as early as 2023. This is despite the significant acquisitions made by international institutions (Pompidou Center in Paris, San Francisco Museum of Modern Art, Royal Museum of Fine Arts in Antwerp, MoMA in New York)[3].

In just a few months, we have witnessed the rapid rise of Crypto Art and the equally swift crisis of the idea on which it is based. Crypto Art is a unique type of art that is certified, traceable, unique, and marketable. The cryptoartist's works had been isolated in the immaterial framework of the Internet to reaffirm the frontal and predefined vision

*Anna Luigia De Simone*

# NFT e arte, prove di esponibilità in Italia

*Non esiste nulla che abbia più aura dell'invisibile.*
*La visualizzazione dell'invisibile*
*è la forma più radicale della sua profanazione.*
Boris Groys, *Art Power*

## Dal flusso alla galleria

Se il 2021 può essere considerato l'anno del boom per il fenomeno dei Non-Fungible Token nel panorama globale dell'arte – con copertine dei protagonisti uscite su riviste generaliste e di settore, record d'asta (69 milioni di dollari per l'assemblage *EVERYDAYS: THE FIRST 5000 DAYS* di Beeple) e nascita di musei dedicati (Seattle NFT Museum e NFT Museum della Lynn University) – il 2022 ha visto l'esplosione di un'altra tendenza connessa agli NFT: il dilagare di mostre e rassegne che hanno sottoposto questi oggetti digitali, di cui esistenza e proprietà sono garantite da web e blockchain[1], alla prova dell'esponibilità e della musealizzazione negli spazi fisici di fondazioni, gallerie e musei[2]. Strana premessa se si riflette sul repentino e conseguente calo d'interesse dell'*art system* per il binomio arte-NFT registrato già dal 2023, nonostante le significative acquisizioni da parte di istituzioni internazionali (Centre Pompidou di Parigi, San Francisco Museum of Modern Art, Royal Museum of Fine Arts di Anversa, MoMA di New York)[3].

In pochi mesi, si è assistito alla fulminea ascesa della Cripto Art e all'altrettanto rapida messa in crisi della sua idea di fondo. Le opere certificate, tracciabili, uniche, commercializzabili dei cryptoartisti che, per riaffermare la visione frontale e predefinita dell'immagine, i valori dell'autenticità e della non replicabilità, il posizionamento nelle logiche del collezionismo e del mercato, in contrasto con le

of the image, the values of authenticity and non-replicability, and the positioning in the logic of collecting and the market, in contrast with twentieth-century experiences. The Internet created a protective net and a cage simultaneously, in the name of equally ancient art needs, such as the desire to overcome obsolescence and safeguard its enjoyment. These artworks have now been released, to return to life in the physical environment. However, when exhibited in a gallery, museum, or living room at home, the tokenized paintings offer themselves to a new confinement. Without losing their characteristics of originality and rarity, this has inevitably distorted their identity, revealing their weakness or, perhaps, their potential.

On exposability

Beyond the quality of the contents, Boris Groys argued, "the digitization of images was initially thought of as a way to escape the museum, or generally any exhibition space – to set the image free" from any curatorship. Thus, already in relation to digital art as it has been known for decades, the philosopher asked himself: "Why should we exhibit these images at all – instead of letting them circulate freely in the contemporary information network?"[4].

Furthermore, in art NFT, only the files registered in the blockchain are valid, so those manipulated or duplicated by software or other means are fake. Yet, even if no direct changes are made to the encrypted image, stabilized by the NFT certificate, its only visible and exhibit-able form, cannot escape the relationship between the artwork, the context, and the audience. This relationship affects issues of perception and identity.

What remains stable and what Groys defines as "strong" by reference to the codes of the digital image – which are not the image itself but constitute invisible data displayed by the image –, is the technology to identify works on platforms, virtual sites such as SuperRare, Nifty Gateway, Hashmasks, in the Metaverse and in physical environments[5]. The only type of cryptography that certifies ownership, provenance, non-fungibility of an artist's work, however, requires a visible dimension to be arranged, contemplated and appreciated. These actions are essential for any experience in space, whether virtual or physical, regardless of curatorial control.

Exposability of art in NFT can, therefore, only be achieved by displaying the invisible. This depends on the choice of support or a change in state, such as from non-image

esperienze novecentesche, erano state isolate nella cornice immateriale di Internet, rete di protezione e insieme gabbia, in nome di altrettanto antiche esigenze dell'arte, come il desiderio di vincere l'obsolescenza e salvaguardare la sua stessa godibilità, ne sono state liberate per tornare a vivere nell'ambiente fisico. Esposti in galleria, nel museo o nel salotto di casa, però, i quadri tokenizzati si sono offerti a un nuovo confinamento. Senza perdere i loro caratteri di originalità e rarità, hanno subìto, inevitabilmente, una distorsione che ne ha alterato l'identità: svelandone il punto debole o, forse, una potenzialità.

## Sull'esponibilità

Al di là della qualità dei contenuti, ha sostenuto Boris Groys, "la digitalizzazione delle immagini è stata inizialmente pensata come modo per sfuggire al museo, o più in generale agli spazi espositivi, lasciando libera l'immagine" da qualsiasi curatela. Così, già in relazione all'arte digitale per come la si conosce da decenni, il filosofo si chiedeva: "Perché poi dovremmo esporre queste immagini, piuttosto che lasciarle circolare liberamente nella Rete di informazione contemporanea?"[4].

Nel caso degli NFT d'arte, inoltre, i file manipolati o semplicemente duplicati grazie a software o strumenti vari risultano dei falsi perché non iscritti nella blockchain. Eppure, anche laddove non intervengano modifiche dirette sull'immagine criptata, lasciandola stabilizzata dal certificato NFT, la sua sola manifestazione visibile e, di conseguenza, esponibile, non può prescindere dal misurarsi con il sistema di relazioni che si instaura tra opera, contesto, pubblico, incidendo su questioni di percezione e identità.

Ciò che resta immutabile – Groys avrebbe detto "forte" riferendosi ai codici dell'immagine digitale (che non sono l'immagine, ma costituiscono i dati invisibili che l'immagine visualizza) – è la tecnologia che identifica le opere su SuperRare, Nifty Gateway, Hashmasks, su Metaversi, siti virtuali e in ambienti fisici[5]. La sola crittografia che attesta proprietà, provenienza, non fungibilità del lavoro dell'artista, però, ha bisogno di una dimensione visibile per essere disposta, contemplata e apprezzata: azioni indispensabili perché si verifichi una qualsiasi esperienza nello spazio, sia esso virtuale o fisico, indipendentemente dal controllo curatoriale.

L'esponibilità dell'arte in NFT, dunque, non può attuarsi se non attraverso un'apparizione dell'invisibile. Che dipende dalla scelta del supporto o da un

to image or from immaterial to material. These implications show a betrayal of an art created with the aim of being digitally used, which was only later conceived to exist in the real world. One of the main reasons for the bursting of the NFT bubble is the lack of originality in subject matter and artistic research, as the attempt to make the invisible visible exposes its "normality". Above all, it transforms and recreates it in another form, thus weakening it and depriving it of its aura. "Because nothing has more aura than the Invisible"[6].

## Exhibition spaces: the web

The Covid-19 pandemic has played a significant role in the spread of the NFT phenomenon. The pandemic has led to a surge of online content, varying in artistic quality, but designed and created specifically for online accessibility and interaction. Compared to traditional digital paintings that can be easily multiplied, encrypted ones have given value to simple data files, decentralized the market, and reduced mediation. This has enabled the artworld to replicate exhibitions and economic rituals online, even during the lockdowns. Smart contracts have enabled tracing "loans" in virtual exhibitions and sales. Native digital works have traveled the web without any curatorial oversight or objective verification of such oversight[7]. At that moment, it seemed that the audience was in charge of selecting, combining, sequencing, and placing their own experiences, while the fruition mode, through the use of frames in different formats (such as on a PC, tablet, or smartphone) appeared solely up to the artist's will.

## Exhibition spaces: the Metaverse

During the pandemic, many interventions born in a physical environment were adapted for the Internet, sometimes safeguarded by NFT certificates, making it more complex to reproduce the original dialogue between work, context and audience. The absence of physicality in some artworks from the beginning does not make it easier to exhibit them, especially if they are placed in a container with no space-time coordinates. On their own, they cannot provide reference points to guide the visitor's route. Metaverse is a new way of testing such instances. It is not a simple marketing campaign by IT giants but a new way of accessing art and

cambiamento di stato (non-immagine-immagine o immateriale-materiale). Implicazioni che siglano un tradimento verso se stessa per un'arte creata con l'obiettivo di essere fruita in digitale, alla quale è stato chiesto solo in seguito di esistere anche nel mondo reale. Tra le principali ragioni dietro il cosiddetto scoppio della bolla NFT, in quanto il tentativo di rendere visibile l'invisibile per esporlo, ne mette in luce la "normalità", la scarsa originalità dei soggetti e della ricerca artistica. Soprattutto, finisce per trasformarlo, ricrearlo in altra forma, indebolirlo, privarlo dell'aura: perché "non esiste nulla che abbia più aura dell'invisibile"[6].

<br>

## Spazi espositivi: il web

Un grande contributo alla diffusione del fenomeno NFT va riconosciuto alla pandemia di Covid-19. Che ha scatenato una bulimia di contenuti online dalle qualità artistiche disomogenee, ma pensati e creati per essere accessibili in rete secondo modalità d'interazione specifiche. Rispetto ai tradizionali dipinti digitali, incondizionatamente moltiplicabili, quelli criptati, conferendo valore a semplici file di dati, decentralizzando il mercato e ridimensionando ogni mediazione, hanno consentito di replicare su Internet, anche durante il lockdown, le ritualità espositive ed economiche dell'*artworld* garantendo la tracciabilità di "prestiti" in occasione di mostre virtuali e di vendite grazie alla stipula di *smart contract*. Le opere native digitali hanno viaggiato nel web senza alcun controllo curatoriale o senza che tale controllo potesse essere provato oggettivamente[7]. In quel frangente, selezione, accostamento, sequenza e luogo della loro esperienza, sembravano essere affidate al pubblico, mentre le scelte di fruizione, attraverso la cornice, nella varietà dei formati previsti (pc, tablet, smartphone), apparivano esclusivamente frutto della volontà dell'artista.

## Spazi espositivi: il Metaverso

Durante la pandemia, anche tanti interventi nati in ambiente fisico sono stati adattati per la rete, salvaguardati o meno dal certificato NFT, il che ha reso più complesso riprodurre il dialogo originale tra opera, contesto e pubblico. Ma non è detto che la questione espositiva si semplifichi per le opere sprovviste di fisicità *ab origine*. Laddove queste, se inserite in un contenitore privo di coordinate spazio-temporali senza i giusti accorgimenti, da sole non riescono a fornire punti

heritage that has repercussions on society, institutions, and cultural programming. It is a hyper-technological dimension that enhances real life without necessarily replacing it. In order to offer visitors not just the chance to admire paintings and sculptures but to give them an immersive experience to truly engage with the space around them and the "physicality" of the artwork, in the role of their own digital twin or with the help of viewers and sensors.

Exhibition spaces: museums and galleries

The acceleration towards digitalization did not stop with the end of the health emergency. It was accompanied by an equally felt need to recover or integrate the bodily experience. According to Groys, the digital image is strong, can stand independently without the need for curation, and can thrive in a decentralized environment. However, whether this trait remains when the digital image is adapted for an immersive or physical space is unclear. In Crypto Art exhibitions organized in Metaverso, as in those located in a tangible environment, the use of curation becomes again necessary to convey the physicality of a digital object, restoring its effect in a simulation of reality or material reality. In both cases, what is missing is the objective for which these productions were born: the renunciation of hierarchies, the curator, and the museum. These issues take on even more importance in the work's very existence. Indeed, the curator "becomes now not only the exhibitor but also the performer of the image. [...] The contemporary curator turns the invisible into the visible" to relate it to the tangible or simulated context[8].

Therefore, a turning point in curation seems inevitable to explore and realize the potential and most daring artistic uses of the Crypto Art ecosystem. It is necessary to identify the authors and works of interest for content, originality, and research by selecting figures who are capable of reading and describing the phenomenon and who are, above all, capable of setting these images so that we can enjoy their original and acquired dimensions. Finally, we need scholars who can properly contextualize tokenized paintings within the history of art, and who can bridge traditional art categories with the logic of the virtual world, free from the influence of market mediation.

di riferimento per orientare il percorso di visita. Particolare "laboratorio" per testare tali istanze è il Metaverso. Non una semplice operazione di marketing lanciata dai colossi dell'informatica, ma un nuovo modo di accedere all'arte e al patrimonio che ha ricadute sulla società, sulle istituzioni, sulla programmazione culturale. Una dimensione ipertecnologica che si aggiunge alla vita reale senza sostituirla necessariamente. E prova a restituire al visitatore, non solo l'esperienza di contemplazione di quadri e sculture, ma anche l'immersione nello spazio che li avvolge e la percezione della "fisicità" dell'opera, nei panni del proprio *digital twin* o con l'ausilio di visori e sensori.

*Spazi espositivi: gallerie e musei*

L'accelerazione verso la digitalizzazione non si è arrestata con la fine dell'emergenza sanitaria, ma è stata affiancata da un'esigenza altrettanto sentita: quella di una ripresa o di un'integrazione dell'esperienza corporea. Se, d'accordo con Groys, l'immagine digitale va considerata un'immagine forte (che non ha bisogno del supporto della curatela e può sopravvivere in una dimensione decentralizzata), non è detto che tale caratteristica permanga in un adattamento del digitale in uno spazio immersivo o fisico. Nelle mostre di Crypto Art organizzate in Metaverso come in quelle situate nell'ambiente tangibile, per trasmettere la fisicità di un oggetto digitale, restituendone l'effetto in una simulazione di realtà o nella realtà materiale, torna necessario il ricorso alla curatela. In entrambe le condizioni, a venir meno è l'obiettivo per il quale queste produzioni sono nate, fare a meno delle gerarchie, del curatore, del museo: questioni che, invece, finiscono per assumere ancor più rilievo nell'esistenza stessa dell'opera. Anzi, il curatore "non solo diventa colui che espone l'immagine, ma anche il suo esecutore. [...] Colui che trasforma l'invisibile in visibile" per relazionarlo al contesto tangibile o simulato[8].

Una svolta curatoriale sembra, allora, inevitabile per l'esplorazione e la realizzazione delle potenzialità e degli usi artistici più arditi dell'ecostistema della Crypto Art. Puntando su figure in grado di leggere e raccontare il fenomeno, individuare gli autori e le opere meritevoli di interesse per contenuti, originalità, ricerca. Soprattutto, capaci di ambientare queste immagini perché se ne possa godere la dimensionalità originale e quella acquisita. Infine, studiosi che sappiano riconoscere la giusta collocazione dei dipinti tokenizzati nell'ambito della storia

## The Italian laboratory

Some Italian museums have followed the international trend by scheduling virtual exhibitions dedicated to art in NFT in the Metaverse since the end of 2021. Numerous real-life projects present this production in large institutions, representing a sort of exhibition laboratory with recurring approaches and trends.

Extensive reconnaissances, for istance. At the Museo della Permanente in Milan, three editions of DART 2121 attempted to map art in NFT, and document its growing indissolubility with the Metaverse, the connection with physical space and AI. An orientation designed to facilitate simultaneous sharing and interaction in physical, virtual and phygital environments (union of physical and digital) to enhance public enjoyment. Over time, efforts have been made to enhance the visitor experience by carefully selecting high-quality and relevant works, taking into account feedback from the first edition. In addition, the relationship between visitors and the individual works as well as between the works themselves has been improved.

The temptation to exhibit the widest range of aesthetic possibilities offered by this artistic universe also emerges in those exhibitions (e.g. *Let's Get Digital!* at Palazzo Strozzi curated by Arturo Galansino and Serena Tabacchi) conceived as research hypotheses that aim to trace connections between physical and digital, as well as contemporary and ultra-contemporary art history. It then reveals itself inside traditional paths that exploit the, at times, spectacular scenography of the location.

The desire to organize the art in NFT thematically and by fields of application has emerged in major events such as the Venice Biennale. At the Decentral Art Pavilion the goal was to bring decentralized art, free of hierarchies, out of the "tech niche". This transformed one of the main stages of art into a disorienting and almost fair-like space where new works can be uploaded or deleted from the continuously updated itinerary, while anyone can buy them by scanning the QR-code.

In this perspective, the critical-curatorial project *Espressioni con Frazioni* by Carolyn Christov-Bakargiev differs. Located at the Castello di Rivoli, the project aims to explore issues related to identity and exhibition, almost without a specific proposal in mind. Instead, it seeks a dialogue with Beeple, an advocate of the phenomenon, in anticipation of the unveiling of his NFT sculpture, *Human One*, in the museum's exhibition halls.

dell'arte e far dialogare le categorie critiche connesse all'arte tradizionale con logiche connaturate al panorama virtuale al di là degli effetti mediati dal mercato.


## Laboratorio Italia


In linea con la tendenza internazionale, dalla fine del 2021, anche alcuni musei italiani hanno scelto di costruire palinsesti di mostre virtuali dedicate all'arte in NFT specifici per il Metaverso. A questi si aggiungono numerosi progetti in *real life* che, nel presentare tale produzione nelle grandi istituzioni, definiscono una sorta di laboratorio espositivo con approcci e tendenze ricorrenti.

Si pensi, innanzitutto, alle ampie ricognizioni. Tre edizioni di DART 2121 al Museo della Permanente di Milano hanno provato a mappare l'arte in NFT, a documentarne la crescente indissolubilità con il Metaverso, la connessione con lo spazio fisico e infine il legame con l'IA. Un orientamento teso a valorizzare la fruizione da parte del pubblico alimentando la simultanea condivisione e interazione in ambiente fisico, virtuale e phygital (unione di fisico e digitale). Nel tempo, per ottenere una maggiore godibilità si è lavorato sulla selezione qualitativa e tematica, a fronte dell'ampia rassegna della prima edizione, e su una più attenta messa in relazione dei visitatori con le singole opere e di queste tra loro.

La tentazione di esporre la più vasta gamma di possibilità estetiche offerta da tale universo artistico, affiora anche in mostre (ad es. *Let's Get Digital!* a Palazzo Strozzi curata da Arturo Galansino e Serena Tabacchi) concepite come ipotesi di ricerca volte a rintracciare i nessi tra fisico e digitale, tra storia dell'arte contemporanea e ultra-contemporanea, per poi rivelarsi percorsi tradizionali che sfruttano la scenografia, a tratti spettacolare, della location.

L'aspirazione a sistematizzare tematicamente e per campi d'applicazione l'arte in NFT è emersa anche in grandi eventi come la Biennale di Venezia dove nel Decentral Art Pavillion la volontà di portare l'arte decentralizzata, priva di gerarchie, fuori dalla nicchia "tech" finisce per trasformare uno dei palcoscenici principali dell'arte in uno spazio disorientante e quasi fieristico dove nuove opere possono essere caricate o eliminate dal percorso, che si aggiorna continuamente, mentre chiunque può comprarle scansionando il QR-code.

Mauro Martino acts as an artist-curator. In *Mapping the NFT Revolution*, he proposes a site-specific installation in the form of an immersive data film created solely using artificial intelligence models. The installation reconstructs the history of art in NFT through editing and is presented at the MEET Digital Culture Center of Milan.

Ipotesi Metaverso

The multimedia and multisensory exhibition *Ipotesi Metaverso*, curated by Gabriele Simongini and Serena Tabacchi, was held at Palazzo Cipolla in Rome in 2023. It offers an interesting perspective, combining the exploration of new technological horizons with the physical and virtual usability of works in NFT, Metaverse, and AI. The idea behind it is tracing the roots of humanity's drive to transcend the real dimension and immerse itself in other worlds from a technological-existential and artistic-imaginative point of view[9].

A journey from the Baroque to AI showcasing a balanced and surprising relationship between the physical and the digital, Metaverse, and imagination. It brings together masterpieces of the past and contemporary works, united by the desire to build worlds: the visionary *Carceri d'Invenzione* by Piranesi goes alongside its 3D animation by Grégoire Dupond and Teho Teardo; works by Escher displayed alongside a simulated architecture of Andrea Pozzo; the hypnotic vortex, *Onda Lunga*, by Pier Augusto Breccia anticipates the immersion of *Decentraland*, a decentralized Metaverse in which one can trace the prophecies of futurism (e.g., the pre-cyborg fusions of man and space *Fome uniche della continuità nello spazio*, 1913, by Boccioni and the temporal short circuits of Fortunato Depero's cities and Giacomo Balla's atmospheres), the circular and indefinable space of Giorgio de Chirico and Giulio Paolini as well as *gamification* (here represented by Ugo Nespolo's videogame).

Along the halls, the curators create a resonance effect, by arranging paintings, sculptures inscribed in the blockchain, engravings, digital art, generative poetry, music and AI. It all traces back to the hypotheses of extension of the concept of space-time that anticipated the Metaverse. The contrast between the conventional act of visiting a place and the engagement in a constantly changing and dynamic world, as demonstrated in the creations of artists such as Fabio Giampietro, Paolo

Differente il progetto critico-curatoriale *Espressioni con Frazioni* di Carolyn Christov-Bakargiev che, al Castello di Rivoli, prova a interrogarsi su questioni legate all'identità e all'esponibilità di questa tipologia di opere nella quasi assenza di una proposta espositiva, scegliendo di aprire un dialogo con il campione del fenomeno, Beeple, in vista dell'inaugurazione di una sua scultura in NFT dal titolo *Human one* nelle sale del museo.

Si comporta da artista-curatore, Mauro Martino che in *Mapping the NFT Revolution* propone un'installazione site specific in forma di data-film immersivo fatto solo con modelli di intelligenza artificiale: un montaggio che ricostruisce la storia dell'arte in NFT presentandola al MEET Digital Culture Center di Milano.

Ipotesi Metaverso

Una prospettiva interessante, che unisce indagine sui nuovi orizzonti tecnologici, fruibilità fisica e virtuale di opere in NFT, Metaverso e IA è la mostra multimediale e multisensoriale *Ipotesi Metaverso*, a cura di Gabriele Simongini e Serena Tabacchi, tenuta a Palazzo Cipolla a Roma nel 2023. A sorreggerla, un'idea: rintracciare le radici della spinta umana verso il superamento della dimensione reale e verso l'immersione in altri mondi, dal punto di vista tecnologico-esistenziale e artistico-immaginifico[9].

Un viaggio dal Barocco all'IA che, in un rapporto equilibrato e spiazzante tra fisico e digitale, tra Metaverso e immaginazione, mette in dialogo capolavori dei maestri del passato con opere del nostro tempo, accomunati dal desiderio di costruire mondi: le visionarie *Carceri d'Invenzione* di Piranesi affiancano la loro animazione in 3D di Grégoire Dupond e Teho Teardo; opere di Escher stanno accanto a un'architettura simulata di Andrea Pozzo; il vortice ipnotico, *Onda lunga*, di Pier Augusto Breccia anticipa l'immersione di *Decentraland*, Metaverso decentralizzato in cui si rintracciano le profezie del futurismo (ad es. le fusioni pre-cyborg di uomo e spazio *Forme uniche della continuità nello spazio*, 1913, di Boccioni e i cortocircuiti temporali delle città di Fortunato Depero e delle atmosfere di Giacomo Balla), lo spazio circolare e indefinibile di Giorgio de Chirico e Giulio Paolini e la *gamification* (qui rappresentata dal videogame di Ugo Nespolo).

Lungo le sale, l'effetto di risonanza creato dai curatori tra dipinti, sculture inscritte nella blockchain, incisioni, arte digitale, poesia generativa, musica e IA, fa

Di Giacomo and Refik Anadol, encourages us to consider how physical and virtual spaces are interconnected. Each hall corresponds to an exhibition test of the invisible, which reveals how much of our present was already hidden in the visions of historical artists. It shows the face of the works hidden on the web, changing our knowledge of art and reality, transforming it into something never been seen before.


## Towards a new Reinassance?


Among the protagonists of Media Art, Refik Anadol (one of his immersive NFTs surpassed 2 million dollars at an auction in Hong Kong) has focused precisely on the experiential and multisensory characteristics offered by the language, deforming space through evolutions and continuous metamorphoses governed by his algorithm to show what has always remained invisible. In his works, among millions of images selected by the artist, the machine produces a series of "fluid sculptures" that flow on the walls and almost invade the environment, dissolving into each other and each time assuming new volumes: think of the sequence of frames taken from the natural landscape that change color, shape, and identity, transforming into flowers and snakes in *Serpenti Metamorfosi* (2021) or *Renaissance Dreams* (2020-23), a site-specific work created for the MEET in Milan, which proposes a journey through the history of art, developed by AI (GAN Generative Adversarial Network), aiming to rediscover common characteristics in painting, architecture, literature, and architecture of the Italian Renaissance.

In these works, physical limits dissolve for the spectator whose experience is guided by a huge amount of data that functions as an artist, a curator, and an exhibit-designer, aiming to bridge the gap between physical and virtual, and between visible and invisible, perhaps showing the future of this language. Anadol states: "The concept of metamorphosis is a true inspiration for me because the intelligence of the machine has the ability to acquire the colors, structures, and forms of nature and reproduce them in new forms that exist only in its mind. And when I embrace the machine as a collaborator, it allows me to transform the invisible into visible"[10].

risalire alle ipotesi di estensione del concetto di spazio-tempo che hanno anticipato il Metaverso. L'alternanza tra esperienza tradizionale di visita e immersione in un mondo fluido e in divenire (ad es. nelle opere di Fabio Giampietro e Paolo Di Giacomo e Refik Anadol) spinge a misurare idealmente l'interconnessione tra spazio fisico e virtuale. A ogni stanza corrisponde una prova di esponibilità dell'invisibile, che ci svela quanto del nostro presente era già celato nelle visioni degli artisti storici e ci mostra il volto delle opere nascoste nel web. Modificando la nostra conoscenza dell'arte e del reale in qualcosa di mai visto prima.

Verso un nuovo Rinascimento?

Tra i protagonisti della Media Art, Refik Anadol (un suo NFT immersivo ha superato i 2 milioni di dollari in asta a Hong Kong) ha puntato proprio sulle caratteristiche esperienziali e multisensoriali offerte dal linguaggio deformando lo spazio attraverso evoluzioni e continue metamorfosi governate dal suo algoritmo per provare a mostrare ciò che da sempre era rimasto invisibile. Nelle sue opere, tra milioni di immagini selezionate dall'artista, la macchina produce una serie di "sculture fluide" che scorrono sulle pareti e quasi invadono l'ambiente dissolvendosi l'una nell'altra assumendo ogni volta nuove volumetrie: si pensi alla sequenza di fotogrammi ripresi dal paesaggio naturale che mutano colore, forma, identità trasformandosi in fiori e serpenti in *Serpenti Metamorfosi* (2021) o a *Reinassance Dreams* (2020-23): opera site specific realizzata per il Meet di Milano, che propone un viaggio nella storia dell'arte, elaborato dall'IA (GAN Generative Adversarial Network), teso a ritrovare le caratteristiche comuni nella pittura, nell'architettura, nella letteratura e nell'architettura del Rinascimento italiano.

In questi lavori i limiti fisici si dissolvono per lo spettatore la cui esperienza è guidata da un'enorme quantità di dati che funziona da artista, da curatore e da allestitore puntando a superare il gap tra fisico e virtuale, e tra visibile-invisibile, forse, mostrando il futuro di questo linguaggio. Afferma Anadol: "Il concetto di metamorfosi è per me una vera ispirazione poiché l'intelligenza della macchina ha la capacità di acquisire colori, strutture e forme della natura e riprodurli in nuove forme che esistono solo nella sua mente. E quando accolgo la macchina come un collaboratore, essa mi permette di trasformare l'invisibile in visibile"[10].

Bibliography

Filippo Annunziata – Andrea Corso, *NFT. L'arte e il suo doppio. Non fungible token: l'importanza delle regole, oltre i confini dell'arte*, Montabone, Milano 2021

Marc Beckman, *The Comprehensive Guide to NFTs, Digital Artwork, and Blockchain Technology*, Skyhorse Publishing, New York 2022

Roberto Garavaglia, *Tutto sugli NFT. Crypto art, token, blockchain e loro applicazioni*, Hoepli, Milano 2022

Boris Groys, *Art Power*, MIT Press, Cambridge (MA) 2008

Boris Groys, *In the Flow. L'opera d'arte nell'epoca della sua riproducibilità digitale* (2016), Postmedia Books, Milano 2020

Rebecca Pedrazzi, *Futuri possibili. Scenari d'arte e intelligenza artificiale*, Jaka Book, Milano 2021

Domenico Quaranta, *Surfing con Satoshi. Arte, blockchain e NFT*, Postmedia Books, Milano 2021

Gabriele Simongini, Serena Tabacchi, Teresa Emanuele, *Ipotesi Metaverso*, Drago, Roma 2024

1. Blockchain is a distributed database whose entries are grouped into blocks, chained in chronological order, and whose integrity is ensured by the use of cryptography. Domenico Quaranta, *Surfing con Satoshi. Arte, blockchain e NFT*, Postmedia Books, Milano 2021

2. Among the main projects inaugurated in Italy between 2021 and 2022: DART 2121 Museo della Permanente di Milano, Beeple, *Human one*, Castello di Rivoli, Decentral Art Pavillion Biennale di Venezia, and *Let's Get Digital!*, Palazzo Strozzi Firenze

3. "The Crypto Bubble's Burst. What Will Happen to the NFT Artworld?", in *ArtReview*, 20 January 2023

4. Boris Groys, *Art Power*, MIT Press, Cambridge (MA) 2008, p. 83

5. Groys: "The digital image is a visible copy of the invisible image file, of the invisible data. In this respect the digital image is functioning as a Byzantine icon – as a visible copy of invisible God. [...] The difference between original and copy is obliterated in the case of digitalization only by the fact that the original data are invisible: they exist in the invisible space behind the image, inside the computer". Ivi, p. 84

6. Ivi, p. 86

Bibliografia

Filippo Annunziata – Andrea Corso, *NFT. L'arte e il suo doppio. Non fungible token: l'importanza delle regole, oltre i confini dell'arte*, Montabone, Milano 2021

Marc Beckman, *The Comprehensive Guide to NFTs, Digital Artwork, and Blockchain Technology*, Skyhorse Publishing, New York 2022

Roberto Garavaglia, *Tutto sugli NFT. Crypto art, token, blockchain e loro applicazioni*, Hoepli, Milano 2022

Boris Groys, *Art Power* (2008), Postmedia Books, Milano 2012

Boris Groys, *In the Flow. L'opera d'arte nell'epoca della sua riproducibilità digitale* (2016), Postmedia Books, Milano 2020

Rebecca Pedrazzi, *Futuri possibili. Scenari d'arte e intelligenza artificiale*, Jaka Book, Milano 2021

Domenico Quaranta, *Surfing con Satoshi. Arte, blockchain e NFT*, Milano, Postmedia Books, 2021

Gabriele Simongini, Serena Tabacchi, Teresa Emanuele, *Ipotesi Metaverso*, Drago, Roma 2024

1. La blockchain è un database distribuito le cui voci sono raggruppate in blocchi, concatenati in ordine cronologico, e la cui integrità è garantita dall'uso della crittografia. Domenico Quaranta, *Surfing con Satoshi. Arte, blockchain e NFT*, Postmedia Books, Milano 2021

2. Tra i principali progetti inaugurati in Italia tra 2021 e 2022: DART 2121 al Museo della Permanente di Milano, Beeple, *Human one*, al Castello di Rivoli, Decentral Art Pavillion alla Biennale di Venezia e *Let's Get Digital!* a Palazzo Strozzi a Firenze

3. "The Crypto Bubble's Burst. What Will Happen to the NFT Artworld?", in *ArtReview*, 20 gennaio 2023

4. Boris Groys, *Art Power* (2008), Postmedia Books, Milano 2012, p. 95

5. Afferma Groys: "L'immagine digitale è una copia visibile dell'immagine invisibile di un file, di dati invisibili. L'immagine digitale funziona come un'icona bizantina, come una copia visibile dell'invisibile Dio. [...] La differenza tra copia e originale viene annullata nel caso della digitalizzazione solo dal fatto che i dati originali sono invisibili: esistono nello spazio invisibile dietro l'immagine, dentro il computer". Ivi, p. 96

6. Ivi, p. 98

7. Ivi, p. 84

8. Ivi, pp. 84, 85

9. Gabriele Simongini, Serena Tabacchi, Teresa Emanuele, *Ipotesi Metaverso*, Drago, Roma 2024

10. "Il nuovo Rinascimento di Milano segue le metamorfosi di Bulgari", in *Marie Claire*, 21 September 2021

7. Ivi, p. 96

8. Ivi, pp. 96, 97

9. Gabriele Simongini, Serena Tabacchi, Teresa Emanuele, *Ipotesi Metaverso*, Drago, Roma 2024

10. "Il nuovo Rinascimento di Milano segue le metamorfosi di Bulgari", in *Marie Claire*, 21 settembre 2021

*Valentino Catricalà*

# NFT and art. New perspectives

## NFT, a massacre?

On January 20th, 2023, *ArtReview* published an article titled "The Crypto Bubble's Burst. What Will Happen to the NFT Artworld?". On September 20th, 2023, *The Guardian* published an article titled "What were NFTs? An understandable internet fad, and the next one is just around the corner". On April 17th, 2023, *Il Sole 24 Ore* published an article titled "È crisi degli Nft nell'arte (e non solo). Criptovalute e metaverso non fanno più sognare" (It's NFT crisis, in the arts and not only. Crypto values and Metaverse don't make anybody dream anymore). More recently, in February 2024, *Il Giornale dell'arte* published an article titled: "Massacro arte digitale. Nel mercato restano le macerie delle rapaci speculazioni di una follia per gli Nft durata solo un anno. Invece rilancia la pittura in versione ultracontemporanea. Che cosa ne dicono gli esperti del settore" (Digital art massacre. In the market remains the rubble of the rapacious speculations of a madness for NFTs that lasted only a year. It relaunches instead painting in an ultra-contemporary version. What industry experts say). It is a crisis, it is a massacre. This is how NFTs are perceived in the world from 2023 to today.

If we look at the selling of digital works, the NFT phenomenon seems to be a big failure. According to *Art Basel & UBS'* latest report, the annual study compiled by the cultural economist Clare McAndrew for the international art fair *Art Basel*, 59% of collectors purchase paintings, 13% paper works, 8% sculptures, 6% printings and only 3% invest in digital art. Just a small portion of this last percentage is dedicated to NFTs purchases, specifically 3%. This figure may seem low, considering that digital works "made up 8% of their collections, down from 15% in 2022. This decline parallels trends on external NFT platforms, where, by mid-2023, sales of art-related NFTs had fallen to their lowest level since January 2021, with monthly turnover at about 2% of the value at their peak later that year"[1].

*Valentino Catricalà*

# NFT e arte. Nuove prospettive

## NFT, un massacro?

"The Crypto Bubble's Burst. What Will Happen to the NFT Artworld?" (Lo scoppio della bolla delle criptovalute. Che cosa accadrà all'NFT Artworld?) titola un articolo della rivista *ArtReview* del 20 gennaio 2023; "What were NFTs? An understandable internet fad, and the next one is just around the corner" (Che cosa erano gli NFT? Una comprensibile moda di Internet, e la prossima è proprio dietro l'angolo) è invece il titolo del *The Guardian* del 20 settembre 2023; mentre *Il Sole 24 Ore* del 17 aprile 2023 titola "È crisi degli Nft nell'arte (e non solo). Criptovalute e Metaverso non fanno più sognare"; e poi, ancora più recente, "Massacro arte digitale. Nel mercato restano le macerie delle rapaci speculazioni di una follia per gli Nft durata solo un anno. Invece rilancia la pittura in versione ultracontemporanea. Che cosa ne dicono gli esperti del settore", su *Il Giornale dell'arte* del febbraio 2024. È crisi, un massacro, questa la grande percezione del mondo degli NFT dal 2023 a oggi.

Effettivamente, se guardiamo agli ultimi dati di vendita di opere digitali, il fenomeno degli NFT sembra un grande fallimento. L'ultimo report *Art Basel & UBS*, lo studio annuale redatto dall'economista culturale Clare McAndrew per la fiera internazionale d'arte *Art Basel*, è abbastanza indicativo della situazione. A dispetto di ciò che si potrebbe pensare, il 59% dei collezionisti compra pittura, il 13% lavori su carta, l'8% sculture, l'8% installazioni, il 6% stampe e multipli, e solamente il 3% investe in arte digitale. Solo una piccola parte di quest'ultima percentuale è riferita all'acquisto di NFT. Solo il 3%, molto poco se pensiamo che le opere digitali "made up 8% of their collections, down from 15% in 2022. This decline parallels trends on external NFT platforms, where, by mid-2023, sales of art-related NFTs had fallen to their lowest level since January 2021, with monthly turnover at about 2% of the value at their peak later that year"[1].

Gone are the days when *ArtReview* magazine surprisingly placed NFTs – not artists or collectives – at the top of the important Art Power ranking. Maybe everything is falling apart, but that does not mean it is the end because the phenomenon "art and NFT" never really existed, at least not as it has been advertised. We had an incorrect perspective and missed the right point of view to analyze the phenomenon. If we can adopt a new way of looking at it we might generate interesting ideas and revisit the issue of Art, NFTs, and blockchain.

Beyond the technological issue

To gain a fresh perspective on the relationship between Art and NFTs, it is essential to dispel some myths. Firstly, we should acknowledge that NFTs are not a new phenomenon that emerged only two or three years ago. Essentially, NFTs are unique and indivisible and represent the ownership or provenance of a digital object or asset within a digital environment. Unlike traditional fungible cryptocurrencies like Bitcoin or Ethereum, NFTs are unique and possess distinct properties. Above all, NFTs are impossible without blockchain. Blockchain is a Distributed Ledger Technology (DLT) that records transactions securely and transparently, in a decentralized manner. Its main feature is the creation of an immutable register shared among all participants in a network, eliminating the need for a central authority or intermediaries.

Blockchain emerged in 2008, during the notable financial crisis that occurred between 2007 and 2008. It came into existence when there was a general lack of trust in banks and institutions[2]. Blockchain is a system that securely and transparently records transactions. NFTs are directly linked to the blockchain, as they would not exist without it. Some, as De Filippi and Wright do, trace their story back to 1948:

[...] the story of digital contracts began in June 1948, when the Soviet Union cut off road, rail, and barge access to western Germany and parts of Berlin. In response, the United States and its allies began the Berlin Airlift, sending more than two million tons of food and other supplies to the divided city. To organise and keep track of the mountains of cargo sent to West Berlin on a daily basis, U.S. Army Master Sergeant Edward Guilbert developed a manifest system that could be transmitted by telex, radio-teletype, or telephone[3].

Sono già lontani i tempi in cui la rivista *ArtReview* metteva sorprendentemente proprio gli NFT – e non un artista, o un collettivo – in cima all'importante classifica *Art Power*. Forse sì, forse è tutto in calo, forse è tutto finito, ma forse, occorre dire, non c'è nulla che finisce, semplicemente perché il fenomeno arte e NFT non è mai esistito nei termini in cui è stato pubblicizzato. Abbiamo sbagliato la prospettiva, il punto di vista con cui analizzare il fenomeno. Prendere il fenomeno da un nuovo punto di vista può aprirci delle interessanti riflessioni e riaprire la questione arte e NFT, e blockchain.

## Oltre la questione tecnologica

Se vogliamo guardare al rapporto tra arte e NFT in modo nuovo, occorre sfatare inizialmente alcuni miti. Per prima cosa gli NFT non sono un fenomeno "nuovo", di due o tre anni fa. Come sappiamo, gli NFT, acronimo di "Non-Fungible Token" (Token non fungibile), sono token digitali unici e indivisibili che rappresentano la proprietà o la provenienza di un oggetto digitale o di un asset in un ambiente digitale. A differenza delle criptovalute tradizionali, come Bitcoin o Ethereum, che sono fungibili e intercambiabili tra loro in modo equivalente, gli NFT sono distinti e hanno proprietà uniche, che li rendono diversi l'uno dall'altro. Soprattutto, gli NFT sono impensabili senza la nascita della blockchain. La blockchain è una tecnologia di registro distribuito (DLT, Distributed Ledger Technology) che consente la registrazione sicura e trasparente delle transazioni in modo decentralizzato. La sua caratteristica principale è quella di creare un registro immutabile e condiviso tra tutti i partecipanti di una rete, eliminando la necessità di un'autorità centrale, o di intermediari.

La blockchain nasce nel 2008, nel mezzo di una crisi finanziaria internazionale, la famosa crisi del 2007-2008. Nasce in mezzo a un crisi mondiale, a una perdita di fiducia sviluppata dai cittadini nei confronti di banche e istituzioni[2], una risposta attraverso un sistema che permette la registrazione sicura e trasparente delle transizioni. Gli NFT non esistono senza blockchain, le due cose sono legate, ed è una storia che alcuni fanno risalire addirittura al 1948, come fanno De Filippi e Wright:

As we can see, the phenomenon is not new, but its popularity and applications have gained momentum lately[4]. It is important to understand that NFTs are just a small portion of the vast digital art industry and not the entirety of it. Defining the boundaries of this reality is becoming increasingly difficult and, for this reason, even useless. Removing NFTs from digital art implies debunking the last, and maybe the biggest, myth: NFTs are neither an artistic genre or trend, nor an aesthetic category. They do not have any inherent cultural value but are first and foremost a technology.

A technology cannot be considered an aesthetic trend. It can help various sectors, create new expressive possibilities, or open up new markets, but it cannot be an artistic trend in itself. NFTs have been conceived as a new art form independent of content, groups, or established aesthetics. The advent of the NFT created a sudden market that developed so rapidly that it needed an aesthetic justification that could establish boundaries and be culturally disseminated. NFT art was born in this way, and nobody really realized what it really was, if not some colored graphics sold for very high prices, only to deflate after the second or third sale. And this is exactly what happened to *CryptoPunk*, *CryptoKitties* or *Bored Ape Yacht Club* and to works by artists such as Beeple, FEWoCIOUS, Pak, whose works are today declining in sales. These artists gained immense popularity with the rise of NFTs. However, most discussions about them revolved around their commercial value rather than their artistic research. As a result, there are very few critical analyses of their artistry or creative journey, with museums often accepting their works without much scrutiny. 90% of the articles on NFT art were, in fact, purely economic in nature: numbers and earnings, with the exception of the serious work that magazines like *Right Click Save* are trying to carry out.


NFT and art, a new perspective


Nonetheless, as we have said, the technology also has an artistic potential that can open up previously unthinkable expressive possibilities. The collapse of the NFT market can finally make us look at the phenomenon from a new perspective. After the economic craze, we can finally discuss NFTs and blockchain more clearly. We can, therefore, say that it would be important to consider the selection of artists based on more than just their ability to generate profit and achieve enormous sales figures (*EVERYDAYS: THE FIRST 5000 DAYS by Beeple* sold for 69.3 million, *The Merge* by

[...] the story of digital contracts began in June 1948, when the Soviet Union cut off road, rail, and barge access to western Germany and parts of Berlin. In response, the United States and its allies began the Berlin Airlift, sending more than two million tons of food and other supplies to the divided city. To organise and keep track of the mountains of cargo sent to West Berlin on a daily basis, U.S. Army Master Sergeant Edward Guilbert developed a manifest system that could be transmitted by telex, radio-teletype, or telephone[3].

Insomma, il fenomeno non è nuovo, ma sono sicuramente recenti la sua popolarità e le sue effettive applicazioni[4]. Fattore che ci fa arrivare a sfatare un altro luogo comune: NFT non equivale alla totalità dell'arte digitale, ma è solo una piccola parte di un insieme di cui oggi è sempre più complicato determinare i confini, e forse proprio per questo inutile. Staccarli dall'arte digitale vuol dire sfatare l'ultimo e forse più grande mito, quello relativo al fatto che gli NFT non sono un genere, o un trend artistico, non sono una categoria estetica, non hanno, per intenderci, un valore culturale in sé: gli NFT sono e rimangono *in primis* una tecnologia.

Una tecnologia non può essere un trend estetico, può aiutare alcuni settori, aprire delle possibilità espressive o di mercato, ma non può essere un trend artistico di per sé. Ciò che si è cercato di fare è stato proprio quello di fare degli NFT un nuovo trend artistico, senza un contenuto, un gruppo, un'estetica sviluppata su una ricerca di stili o di pratiche. L'avvento degli NFT ha causato l'emergere improvviso di un mercato che si è sviluppato a una rapidità tale da richiedere necessariamente una giustificazione estetica che potesse mettere dei confini ed essere culturalmente divulgabile. Così nasce l'NFT art, senza che nessuno abbia davvero capito che cosa fosse, se non delle colorate grafiche vendute a prezzi altissimi, per poi sgonfiarsi già alla seconda e terza vendita. Così *CryptoPunk*, *CryptoKitties* o *Bored Ape Yacht Club* o anche opere di artisti quali Beeple, FEWoCIOUS, Pak, fra i molti oggi già in declino di vendite. Artisti, questi, esplosi con il mondo degli NFT e di cui si è parlato moltissimo, ma solo dal punto di vista economico, senza capirne la ricerca estetica, tanto che si trovano pochissime analisi della loro poetica o del percorso artistico, spesso accettate da musei acriticamente. Il 90% degli articoli sulla NFT art è stato, infatti, prettamente di natura economica: numeri, guadagni, se si toglie il serio lavoro che riviste come *Right Click Save* stanno cercando di portare avanti.

Pak sold for 91 million, to give two well-known examples). Rather, we should combine traditional professions with new methodologies, such as (digital) art criticism to focus on the content and aesthetics of the art. Being aware of the changing context, in which it is difficult to stick to old categories, and with the need to reconsider the very concept of what it means to be an artist. And suddenly some very respectable and aesthetically illuminating artistic operations appear.

Like Geraldine Juárez's pioneering work *Hello Bitcoin!* (2013). On March 29, 2013, at 5:23 pm, Geraldine Juárez came into possession of 9 Bilibitcoins (0.00977616 BTC), which she then sent to a new Bitcoin wallet. The Bitcoin wallet with 9mBTC was copied to an SD memory card and the original wallet was removed from the artist's hard drive. The artist then burned the memory card in the woods, successfully reducing the overall supply of this cryptocurrency to 20999999.99022384 BTC. This act was a symbolic and poetic analysis and critique of the new economy.

Artist Jonas Lund created a series of NFTs called *MVP (Most Valuable Painting)* where the aesthetic outcome is determined by a fitness algorithm that tracks various factors, including each MVP performance in terms of likeability and potential for attracting attention. It also takes into account metrics such as "likes", "clicks", and user engagement. The series culminates with *The Most Valuable Painting*, which is influenced by the sales of the previous 511 MVPs. The final "painting" sold retains all the aesthetic value determined by the viewer and the collector's preferences.

Anna Ridler created a video installation entitled *Mosaic Virus* (2015) featuring tulips in continuous bloom. The flowers, however, are not real; they are generated by an algorithm using data collected from an earlier work, *Myriad (Tulips)*. Mosaic Virus, which gives the opera its name, is a rare tulip disease discovered at the beginning of the 20th century that creates particular and distinctive streaks in the bulbs. This peculiarity was considered rare and prompted speculation by sellers during the seventeenth-century bubble. Ridler's work starts from here and aims to reflect on cryptocurrencies, especially Bitcoins, as the tulip virus. The dynamic images change and are decorated with rare elements based on the real trend of Bitcoins. If the value of cryptocurrencies rises, the tulips develop more distinctive streaks. Conversely, when the value drops, the flowers display only one color and no unique feature. Ridler clearly refers to the concept of value, which increases as the object – whether physical or digital – becomes scarcer, and decreases in case of overabundance.

NFT e arte, una nuova prospettiva

Eppure, abbiamo detto, una tecnologia è anche un potenziale artistico, che può aprire possibilità espressive prima impensabili. Il crollo del mercato degli NFT può finalmente farci guardare al fenomeno da una nuova prospettiva, dopo l'ubriachezza economica si può finalmente parlare di NFT e blockchain con più lucidità. Possiamo dire, dunque, che più che selezionare gli artisti sull'entusiasmo del guadagno, di vendite enormi (*EVERYDAYS: THE FIRST 5000 DAYS* di Beeple venduto a 69.3 milioni, *The Merge* di Pak venduto a 91 milioni, solo per fare due esempi noti), dovremmo intrecciare a nuove metodologie vecchi mestieri, come quello del critico d'arte (in questo caso digitale) e tornare a parlare di contenuti, di estetica, in una parola di arte, con la consapevolezza del contesto mutato, della difficoltà di utilizzare categorie ormai passate, di rivedere anche lo stesso concetto di artista. Ed ecco che improvvisamente saltano fuori delle operazioni artistiche di tutto rispetto e illuminanti sul piano estetico.

Come il pionieristico lavoro di Geraldine Juárez *Hello Bitcoin!* (2013). Il 29 marzo 2013 alle 17:23, Geraldine Juárez è entrata in possesso di 9 Bilibitcoin (0,00977616 BTC) che ha poi inviato a un portafoglio Bitcoin nuovo. Il portafoglio Bitcoin con 9mBTC è stato copiato su una scheda di memoria SD e il portafoglio originale è stato rimosso dal disco rigido dell'artista. L'artista ha poi bruciato la scheda di memoria nel bosco, riducendo con successo la fornitura complessiva di questa criptovaluta a 20999999.99022384 BTC, un atto simbolico e poetico di analisi e critica di una nuova economia.

Come anche l'artista Jonas Lund che ha realizzato la serie *MVP (Most Valuable Painting)*: NFT il cui risultato estetico è determinato da un algoritmo di fitness che tiene traccia di una serie di fattori, tra cui le prestazioni di ogni singolo MVP in termini di simpatia e potenziale di attrazione dell'attenzione, e considerazioni come "mi piace", clic e coinvolgimento degli utenti. La serie culmina con *The Most Valuable Painting*, che è, in ultima analisi, influenzato dalle vendite dei precedenti 511 MVP; l'ultimo "dipinto" venduto conserva tutto il valore estetico determinato dalle preferenze dello spettatore e del collezionista.

L'artista inglese Anna Ridler ha creato, con *Mosaic Virus* (2015), un'installazione video in cui vengono mostrati tulipani in continua fioritura. I fiori, però, non sono reali, ma generati da un algoritmo che utilizza i dati raccolti per un precedente lavoro *Myriad (Tulips)*. Il Mosaic Virus, che dà il nome all'opera, è una rara malattia

Simon Denny is a New Zealand artist who created *NFT Mine Offset* (2021). This work critically analyzes the energy and environmental impact of Ethereum networks. Denny bought five used mines on eBay and collaborated with a 3D video game illustrator to digitally recreate them into NFTs in as much detail as possible. He put an end to his mining activities and donated the processing power of his graphics processing units (GPUs) to a non-profit environmental research company, climaprediction.net, dedicated to environmental research. The artist created a video reproduction of the entire process created with 3D animation superimposed on the mining image. Denny sees the work as a form of compensation for NFT sales.

These artists and many others are taking a different approach from the colorful graphics that have invaded the world of platforms. Instead of focusing on market trends, sales, and marketing strategies, they are returning to an artistic practice that involves a critical approach, open to new perspectives and encouraging reflection on new ways of experiencing digital society.

Bibliography

Valentino Catricalà, *L'arte oltre i media. Tracce per una storia recente*, in S. Bordini – V. Catricalà (eds.), *Videoarte e arte. Tracce per una storia, dagli anni Sessanta a oggi*, Postmedia Books, Milano 2024

dei tulipani, scoperta agli inizi del Novecento, che crea particolari e distintive striature nei bulbi. Questa particolarità era considerata un elemento di rarità e fu motivo di speculazione da parte dei venditori durante la bolla seicentesca. Il lavoro di Ridler parte da qui e vuole riflettere sulle criptovalute, in particolare i Bitcoin, considerandole come il virus dei tulipani. Le immagini dinamiche cambiano e sono decorate con elementi rari basati sull'andamento reale del Bitcoin. Se la criptovaluta aumenta di valore, i petali dei tulipani avranno più di una striscia distintiva. Quando però il valore scende, il fiore avrà un solo tipo di colore e nessun attributo particolare. Ridler si riferisce chiaramente al concetto del valore di un particolare oggetto, fisico o digitale, che aumenta quanto più scarseggia lo stesso e diminuisce in caso di sovrabbondanza.

Simon Denny è un artista neozelandese che ha realizzato *NFT Mine Offset* (2021). Questo è un lavoro che analizza criticamente l'impatto energetico e ambientale delle reti Ethereum. Denny ha acquistato cinque *mine* usate su eBay e ha lavorato con un illustratore di videogiochi 3D per ricrearle digitalmente negli NFT nel modo più dettagliato possibile. Ha poi ritirato l'attività mineraria e ha donato la potenza di elaborazione delle unità di elaborazione grafica (GPU) a una società di ricerca ambientale senza fini di lucro climaprediction.net. L'opera consiste nella riproduzione video dell'intero processo creato dall'artista con l'animazione 3D sovrapposta all'immagine del mining. Denny vede il lavoro come una sorta di compenso per le vendite NFT.

Questi artisti, e molti altri, rappresentano un approccio differente dalle grafiche colorate che hanno invaso il mondo delle piattaforme, ritornando a una pratica artistica non basata solamente sul mercato, sulle vendite e sulle strategie di marketing, ma su un approccio critico, che apre prospettive e riflessioni sui nuovi modi di vivere la società digitale.

Bibliografia

Valentino Catricalà, *L'arte oltre i media. Tracce per una storia recente*, in S. Bordini – V. Catricalà (a cura di), *Videoarte e arte. Tracce per una storia, dagli anni Sessanta a oggi*, Postmedia Books, Milano 2024

Primavera De Fillipi – Aaron Wright (eds.), *Blockchain and the Law. The rule of code*, Harvard University Press, Cambridge 2018

Timothy C. May, *Crypto Anarchist Manifesto*, online: https://www.activism.net/cypherpunk/crypto-anarchy.html

Clare McAndrew, *The Art Basel and UBS Survey of Global Collecting in 2023*, Art Basel UBS, Zurich 2023

Domenico Quaranta, *Surfing with Satoshi*, Postmedia Books, Milano 2021

1. Clare McAndrew, *The Art Basel and UBS Survey of Global Collecting in 2023*, Art Basel UBS, Zurich 2023, p. 13

2. Domenico Quaranta, *Surfing con Satoshi. Arte, blockchain e NFT*, Postmedia Books, Milano 2021

3. Primavera De Fillipi – Aaron Wright (eds.), *Blockchain and the Law. The rule of code*, Harvard University Press, Cambridge 2018, pp. 72-73. See also the influences of the *Crypto Anarchist Manifesto* written by Timothy C. May in 1988 (Timothy C. May, *Crypto Anarchist Movimento*, https://www.activism.net/cypherpunk/crypto-anarchy.html); or the doctoral thesis by David L. Chaum, a young computer scientist who wrote *Computer Systems Established, Maintained, and Trusted by Mutually Suspicious Groups is the first known proposal for a blockchain protocol* in 1982

4. Valentino Catricalà, *L'arte oltre i media. Tracce per una storia recente*, in S. Bordini – V. Catricalà, *Videoarte e arte. Tracce per una storia, dagli anni Sessanta a oggi*, Postmedia Books, Milano 2024

Primavera De Fillipi – Aaron Wright (a cura di), *Blockchain and the Law. The rule of code*, Harvard University Press, Cambridge 2018

Timothy C. May, *Crypto Anarchist Manifesto*, online all'indirizzo https://www.activism.net/cypherpunk/crypto-anarchy.html

Clare McAndrew, *The Art Basel and UBS Survey of Global Collecting in 2023*, Art Basel UBS, Zurich 2023

Domenico Quaranta, *Surfing con Satoshi. Arte, blockchain e NFT*, Postmedia Books, Milano 2021

1. "Costituivano l'8% delle loro collezioni, in calo rispetto al 15% del 2022. Questo declino è parallelo alle tendenze delle piattaforme esterne di NFT, dove, a metà del 2023, le vendite di NFT legati all'arte erano scese al livello più basso dal gennaio 2021, con un fatturato mensile pari a circa il 2% del valore raggiunto al culmine dello stesso anno". Clare McAndrew, *The Art Basel and UBS Survey of Global Collecting in 2023*, Art Basel UBS, Zurich 2023, p. 13

2. Si veda Domenico Quaranta, *Surfing con Satoshi. Arte, blockchain e NFT*, Postmedia Books, Milano 2021

3. "La storia dei contratti digitali iniziò nel giugno del 1948, quando l'Unione Sovietica interruppe l'accesso su strada, ferrovia e chiatte alla Germania occidentale e a parti di Berlino. In risposta, gli Stati Uniti e i loro alleati iniziarono il ponte aereo di Berlino, inviando più di due milioni di tonnellate di cibo e altre forniture alla città divisa. Per organizzare e tenere traccia delle montagne di merci inviate a Berlino Ovest ogni giorno, il sergente maggiore dell'esercito americano Edward Guilbert sviluppò un sistema di manifesti che poteva essere trasmesso via telex, radiotelescrivente o telefono". Primavera De Fillipi – Aaron Wright (a cura di), *Blockchain and the Law. The rule of code*, Harvard University Press, Cambridge 2018, pp. 72-73. Si vedano anche le influenze del *Crypto Anarchist Manifesto* scritto da Timothy C. May nel 1988 (Timothy C. May, *Crypto Anarchist Movimento*, https://www.activism.net/cypherpunk/crypto-anarchy.html); o anche la tesi di dottorato di David L. Chaum, un giovane computer scientist che scrisse *Computer Systems Established, Maintained, and Trusted by Mutually Suspicious Groups is the first known proposal for a blockchain protocol* nel 1982

4. Su questo rimando a Valentino Catricalà, *L'arte oltre i media. Tracce per una storia recente*, in S. Bordini – V. Catricalà, *Videoarte e arte. Tracce per una storia, dagli anni Sessanta a oggi*, Postmedia Books, Milano 2024

*Anna Calise*

# NFT and museum system.
# Case studies from the African panorama

As we enter 2024, the initial hype around Non-Fungible Tokens (NFTs) in the art industry seems to have subsided. Their popularity has suddenly declined after a rapid increase, evidenced by the sale at abnormal prices of digital works certified by this technology[1]. Nonetheless, it is indisputable that NFTs have brought a unique transformation to the digital realm, creating a condition of "scarcity"[2]. NFT technology offers solutions with potentially infinite digital reproducibility, similar to limited-edition photographic prints, which attempted to overcome the consequences of technical reproducibility[3]. Although this technology may not have the potential to revolutionize the art market's future, it is still important to acknowledge its significance and impact on the museum system. After all, museums have been responsible for preserving and safeguarding art for centuries while "actively participating in the development of media innovations"[4]. A technology that revolutionizes the media industry and transforms the artworld has become an urgent topic.

In accordance with the different types of museums, we can highlight different consequences related to the invention of NFTs. These are defined as "uniquely encrypted, indivisible, irreplicable, and verifiable tokens, that represent any kind of asset, be it digital, physical, or even on a blockchain"[5]. If a contemporary art museum that deals with digital art uses them, we will see the evolution of producing, curating, and exhibiting original artworks. However, other themes will be addressed if a museum with a historical collection produces them, be it painting, ethnographic, or archaeological. In these cases, NFT technology will be used to certify digital replicas of material finds for different purposes. We will provide an overview of these two scenarios, highlighting their main characteristics and sector experiences. Then, we will analyze two case studies that stand out in the international scenario for their innovative contributions.

The role of art museums in the ongoing relationship between the contemporary world and NFTs is active but not necessarily central. First and foremost, museums are responsible for understanding, explaining, and tackling this phenomenon affecting contemporary art production.

*Anna Calise*

# NFT e sistema museo.
## Studi di caso dal panorama africano

All'alba del 2024, l'entusiasmo per i Non-Fungible Token (NFT) nel sistema dell'arte sembra essersi spento. Dopo una rapidissima ascesa, testimoniata dalla vendita, a prezzi anomali per il mercato, di opere digitali certificate da questa tecnologia, si osserva oggi un repentino declino della loro popolarità[1]. Ciononostante, è innegabile che gli NFT abbiano portato una trasformazione unica nel panorama digitale, creando quella che viene definita una condizione di "scarsità"[2]. In maniera analoga alla tiratura limitata di stampe fotografiche, che avevano provato a sopperire alle prime conseguenze dell'era della riproducibilità tecnica[3], così la tecnologia NFT si rivela una soluzione alla, potenzialmente infinita, riproducibilità digitale. Se da un lato è quindi possibile affermare che questa tecnologia non sia destinata a stravolgere il futuro del mercato dell'arte, è comunque necessario attestarne l'importanza, e le conseguenze, per il sistema museale. Dopotutto, sono i musei che da secoli si intitolano il compito di preservare e salvaguardare l'arte, mentre "partecipano, attivamente, allo sviluppo delle innovazioni mediali"[4]. Una tecnologia che rivoluziona l'ecosistema mediale e intercetta il panorama dell'arte diventa così argomento urgente.

In linea con diverse tipologie di musei, possono essere evidenziate diverse conseguenze dell'invenzione degli NFT, che si definiscono come "*token* univocamente crittografati, indivisibili, irreplicabili, e verificabili, che rappresentano un asset che può essere digitale, fisico o su una *blockchain*"[5]. Se a utilizzarli è un museo di arte contemporanea, che si occupa anche di arte digitale, allora ci si confronterà con un determinato tipo di evoluzioni: la produzione, curatela ed esposizione di opere d'arte originali. Se, invece, vengono prodotti da un museo con una collezione storica, sia questa di pittura, etnografica, archeologica, si affronteranno altri temi. La tecnologia NFT, in questi casi, verrà adoperata per certificare delle repliche digitali dei reperti materiali, con diversi possibili usi. Si procederà ricostruendo una panoramica di questi due scenari, delineandone le caratteristiche principali e le esperienze di settore. Per approdare poi all'analisi di due studi di caso che si distinguono, nello scenario internazionale, per il contributo innovativo.

In this direction, some institutions, such as the Guggenheim in New York[6] and the LACMA in Los Angeles, have hired researchers to analyze the phenomenon of NFTs. The LACMA, through its *Art & Technology Program*, has launched a research project specifically focused on NFTs[7]. The acquisition landscape is also diverse. Many museums have started to acquire NFT-certified digital works of art, such as the Center Pompidou in Paris, the San Francisco Museum of Modern Art, the Royal Museum of Fine Arts in Antwerp, and the MoMA in New York (where NFT artworks were not purchased but accepted as donations). Some smaller museums have been created specifically to exhibit NFT works in physical space. Two examples are the Seattle NFT Museum and the NFT Museum of Lynn University.

NFT "native" museums represent, however, the most innovative phenomenon. These are virtual museums that exist in the Metaverse or other interconnected virtual environments and are specifically designed to exhibit digital artworks. These recent experiences are interesting because they demonstrate the museum's re-imagined identity, buildings, and exhibition logic. It is designed to cater to the requirements and opportunities presented by virtual experiences. Among these, for example, the Museum of Crypto Art was established to challenge the curatorial and decision-making authority of the museum system. It places collective choices, supported by participatory logic, at the center of its programming. The Musee Dezentral, a virtual building where visitors are free to enter and exhibit their works, follows the same organizational method. In these new "computer-generated environments where users interact through appropriate technological interfaces, capable of providing sensory stimulation that is so credible it generates the convincing perception of a real experience"[8], it is possible to recode the experience of art, reversing the hierarchies that guide curatorial authority in the museum.

Due to two main factors, producing NFTs is becoming increasingly common for museums with historical collections. The first is the opportunity to generate revenue from cultural or ancestral heritage[9]. This can be achieved by authenticating digital replicas of artworks from a museum's permanent collection and then selling them to collectors who wish to own the only copy or a limited edition. This will help obtain useful revenues for the general budget[10]. Some museums that have embraced this approach include the Uffizi Gallery in Florence, the Hermitage in St. Petersburg, the British Museum in London, and the Belvedere Museum in Vienna. Sometimes, they operate individually, and others use shared tools, like *laCollection*, a platform that displays NFTs from big museums and facilitates their sale to collectors[11]. In this

Il rapporto tra il mondo del contemporaneo e gli NFT è un rapporto in divenire, del quale i musei d'arte sono parte attiva, ma non necessariamente i principali protagonisti. In primo luogo, trattandosi di un fenomeno che sta attraversando la produzione d'arte contemporanea, i musei si occupano di comprenderlo, descriverlo, affrontarlo. È in questa direzione che si leggono alcune scelte, come quella del Guggenheim di New York, di assumere un ricercatore incaricato di analizzare il fenomeno degli NFT[6], o quella del LACMA di Los Angeles che, all'interno del *LACMA's Art & Technology Program*, ha lanciato un progetto di ricerca sugli NFT[7]. In termini di acquisizioni, il panorama è a sua volta diversificato. Se da un lato si incontrano molti musei che stanno acquisendo delle opere d'arte digitali certificate NFT, come il Centre Pompidou di Parigi, il San Francisco Museum of Modern Art, il Royal Museum of Fine Arts di Anversa e il MoMA di New York (che non ha comprato delle opere NFT ma ne ha accettato la donazione), vi sono anche alcuni musei minori nati appositamente per esporre opere NFT nello spazio fisico, come il Seattle NFT Museum e l'NFT Museum della Lynn University.

Il fenomeno più innovativo, però, è quello dei musei che possono essere definiti NFT *native*. Musei che nascono in formato virtuale – nel Metaverso, o in un ambiente virtuale non interconnesso con altri – appositamente progettati per ospitare opere digitali. Queste esperienze, molto recenti, sono interessanti perché mostrano una reinvenzione dell'identità del museo, dei suoi edifici e delle sue logiche espositive, progettata in linea con le esigenze – e le possibilità – dell'esperienza virtuale. Tra questi, ad esempio, vi è il Museum of Crypto Art, che nasce proprio con l'idea di mettere in discussione l'autorità curatoriale e decisionale del sistema museale, mettendo al centro della programmazione delle scelte collettive, sostenute in una logica partecipativa. La stessa modalità organizzativa caratterizza il Musee Dezentral, un edificio virtuale all'interno del quale i visitatori sono liberi di entrare ed esporre le proprie opere. In questi nuovi ambienti, "sintetizzati al calcolatore, con cui un utente interagisce attraverso opportune interfacce tecnologiche, in grado di fornire stimolazioni sensoriali adeguate e così credibili da generare la percezione convincente di un'esperienza reale"[8], è possibile ricodificare l'esperienza dell'arte, invertendo le gerarchie che guidano l'autorità curatoriale nel museo.

Anche nei musei dotati di collezioni storiche è possibile trovare molte istituzioni che stanno iniziando a produrre degli NFT, per due principali motivi. Il primo è rappresentato dalla possibilità di monetizzare il proprio patrimonio[9]: autenticare delle repliche digitali delle opere della collezione permanente del museo, e venderle

context, community planning is necessary to make up for the lack of professional, managerial, and financial capital that museums share[12]. More homogeneous geographical contexts will have less difficulty organizing themselves to optimize the necessary resources.

The second reason for producing NFTs, particularly for museums with historical collections, is to create virtual replicas of their exhibits that can be used to share information and content, build research projects, and allow remote access without damaging the original finds. These 3D replicas are certified using NFT technologies and can be referred to as VERO (Virtual Equivalent of a Real Object)[13]. They offer a practical solution and a strategic opportunity to build loyalty and foster closer connections with the collection's audience[14]. A method to continue operations with the works, without necessarily moving or compromising them.

In this context, two case studies are noteworthy for their transformative nature. They both come from the African continent and demonstrate how technological innovation can drive change in the cultural sector and reverse deep-rooted geographical and cultural imbalances.

The first case study is the African Metaverse Museum[15] which is a native museum of the Metaverse established in 2021. It is located in the decentralized Metaverse[16], and is one of the first multi-Metaverse museums in the world. Visitors can move around through teleportation, in "a more dynamic experience for both participants and artists, something that traditional museum will never be able to replicate"[17]. The project's clients are *blacksanta.eth*, a group of Black Web3 investors committed to the growth and development of African Crypto Art. They actively collaborate with various other entities in the sector and promote emerging artists[18]. For this reason, the works are displayed in the museum with indications for sale, combining the museum's legitimization with the art market's policies.

The museum's aesthetics combine the classic pixelated video game look with traditional museum elements such as different rooms, floors, and artworks displayed on the walls. The decorations used in this museum seem to challenge and break down the conventional idea of a museum. In order to encourage constructive participation, artists and programmers are offered rent-free spaces for specific periods in various buildings. This shows that collaborating in creating virtual environments, rather than just surfing them, can be an effective learning tool. It allows one to acquire knowledge about various subjects, such as historical, artistic

a collezionisti che desiderano possederne l'unica copia (o un'edizione limitata), ottenendo dei ricavi utili al bilancio generale[10]. Tra i musei che si sono mossi in questa direzione si trovano istituzioni come la Galleria degli Uffizi di Firenze, l'Hermitage di San Pietroburgo, il British Museum di Londra e il Belvedere Museum di Vienna. Operando a volte individualmente, altre attraverso l'utilizzo di strumenti condivisi, come *laCollection*, una piattaforma che si occupa di esporre NFT di grandi musei e di gestirne la vendita ai collezionisti[11]. Le progettazioni comunitarie, in questo ambito, si rivelano particolarmente necessarie, per sopperire alla carenza di capitale – professionale, gestionale, finanziario – che i musei condividono[12]. Contesti geografici più omogenei, come è immaginabile, faranno meno fatica a organizzarsi per ottimizzare le risorse necessarie.

Il secondo motivo per produrre degli NFT, nel caso di musei con collezioni storiche, può essere quello di creare degli alter ego virtuali della propria collezione, che possano servire alla condivisione di informazioni e contenuti, alla costruzione di progetti di ricerca e alla fruizione da remoto, senza il rischio di danneggiare i reperti. Queste repliche 3D, certificate in tecnologie NFT, possono essere chiamate VERO (*Virtual Equivalent of a Real Object*)[13] e rappresentano sia una soluzione pratica che un'opportunità strategica di fidelizzazione e avvicinamento del pubblico alla collezione[14]. Un modo per continuare a *operare* con le opere, senza che queste vengano necessariamente spostate o compromesse.

All'interno di questo panorama, due studi di caso si distinguono, per il carattere trasformativo. Provengono entrambi dal continente africano, a testimonianza di come l'innovazione tecnologica possa essere uno dei *driver* del cambiamento nel settore culturale, invertendo squilibri geografici e culturali fortemente radicati.

Il primo studio di caso preso in analisi è l'African Metaverse Museum[15], progetto del 2021, che rientra nella categoria dei musei nativi del Metaverso. È collocato nel Metaverso decentralizzato[16], ed è uno dei primi musei multi-Metaverso al mondo. Al suo interno, i visitatori possono muoversi con il teletrasporto, in "un'esperienza più dinamica sia per i partecipanti che per gli artisti, che il museo tradizionale non sarà mai in grado di replicare"[17]. I committenti del progetto sono i *blacksanta.eth*, un gruppo di investitori del Black Web3, che ha deciso di promuovere la crescita e lo sviluppo della cryptoarte africana, collaborando attivamente con una serie di altre realtà del settore[18], promuovendo artisti emergenti. Anche per questo, nel museo, le opere sono esposte insieme alle indicazioni per la vendita, secondo una logica

and related to the works displayed. Additionally, learners can gain experience with production and programming, which are often integrated and complementary[19].

In this context, there is great potential for the development of cultural and artistic capital. It is not just a new exhibition space, but a real training ground for systemic growth aimed also at young audiences because "allowing users to create content and improve participation"[20] is crucial to attract a wider range of new generations, such as MZ[21].

At the end of their interview with *Jing Culture and Commerce*, the museum founders discuss the project's not for-profit economic model:

we're just building because we feel it's our responsibility with the amount of land and assets we have. For or folks who are in that position holding onto a lot of land, I'd say go for it and build something that's valuable [...]
For us, we'd rather be too early than too late[22].

This project promotes artistic growth, creating a different philanthropic landscape in ways unimaginable decades ago that can overcome geographical distances, restore bargaining power to artists, and build technical and specialist capital.

A 2022 project curated by the Cercle d'Art Travailleurs de Plantation Congolaise (CATPC) is the second innovative case study from the African continent[23]. This league is responsible for managing a museum situated on the site of a former Congolese plantation, the White Cube, which "thanks to its commercial activity deals with reclaiming or repurchasing hectares of its ancestral land"[24]. This intentional act subverts the colonial logic that led to the creation of many Western museum collections in an attempt to "restore agency, capital, and visibility to plantation communities"[25]. In 2016, members of the collective searched for a 1931 wooden sculpture of a Belgian tax collector, Maximilien Balot, killed during a workers' uprising in the Pende's area[26]. After an arduous search, they found out that the item was in the Virginia Museum of Fine Arts (VMFA) in Richmond. It had been acquired by a New York archaeologist in 1972, who had purchased it from a local resident in financial difficulty. When members of the cooperative went to the United States to acquire or host the artwork in the White Cube, they faced limited availability from the museum[27]. "Frustrated after years of empty promises,

che prevede l'incontro tra la legittimazione del contesto museale e le politiche del mercato dell'arte.

L'estetica del museo è un ibrido tra una classica estetica pixelata da videogioco e gli elementi canonici degli ambienti museali (sale, piani, opere appese alle pareti), caratterizzati da un decorativismo che sembra decostruire la classica idea di museo. Nei vari edifici, vengono offerti spazi ad artisti e programmatori *rent free* per periodi determinati, incentivando una partecipazione costruttiva. Dimostrando come collaborare alla costruzione di ambienti virtuali, e non soltanto navigarli, sia uno strumento di apprendimento utile, che consente di acquisire diverse nozioni: storico-artistiche, legate alle opere esposte, ma anche di produzione e programmazione, in molti casi vissute in maniera integrata e complementare[19].

Emergono, in questo quadro, ampie potenzialità di costruzione di capitale culturale e artistico: non soltanto un nuovo spazio espositivo ma una vera e propria palestra di crescita sistemica. Che si rivolge anche a un pubblico giovane, poiché abilitare "la creazione di contenuti da parte degli utenti per migliorare la partecipazione"[20] è una delle direzioni principali da intraprendere per ingaggiare una fascia più ampia delle nuove generazioni, come quella MZ[21].

Nel concludere l'intervista rilasciata al giornale online *Jing Culture and Commerce*, i fondatori del museo approfondiscono il modello economico no profit del progetto:

Stiamo costruendo perché sentiamo che è nostra responsabilità, data la quantità di terreno e risorse che abbiamo. Alle persone che si trovano in questa posizione, consigliamo di provarci e costruire qualcosa di prezioso. [...] Per quanto ci riguarda, preferiamo essere in anticipo che in ritardo[22].

Questo progetto restituisce l'immagine di un panorama filantropico diverso, dove promuovere la crescita artistica secondo modalità fino ad alcuni decenni fa inimmaginabili. In grado di superare distanze geografiche, restituire potere contrattuale agli artisti, e costruire capitale tecnico e specialistico.

Un secondo studio di caso innovativo, anche in questo caso proveniente dal continente africano, è un progetto del 2022, curato dal Cercle d'Art Travailleurs de Plantation Congolaise (CATPC)[23]. Questa lega gestisce un museo costruito sul sito di una vecchia piantagione congolese, il White Cube, che "grazie alla propria attività commerciale si occupa di reclamare o riacquistare ettari della propria terra

the CATPC began a collaboration with the Dutch artist Renzo Martens, to mint, distribute and display an edition of 300 NFTs"[28] that reproduced the statue. The sale of these works enabled the center to purchase new land to carry out its reconstruction mission. The project highlights how "digital representations like NFTs can empower marginalized groups with unique tools in their activist battles, allowing them to resist restrictive colonial power structures while simultaneously challenging discourses of ownership and property rights"[29]. A replica of a collector's item was created for more than just research, conservation, and profit. While these aspects were still part of the project, the replica also serves a more complex identity and political purpose.

As shown by these two examples, despite its problems, NFTs can be a valuable resource for museums. This is especially true when dealing with projects that aim to establish their own cultural and listening space through technology.

While at the time of the NFT production and release the VMFA was not strongly cooperative with the Balot loan, and even protested the illicit use of the statue's images which were taken from the museum website to create the NFT, this position drastically changed between 2023 and 2024. In April 2024, in fact, the CATPC exhibits at the Dutch Pavilion of the 60th Venice Biennale, while the original statue is loaned to the White Cube where it is showcased for the whole time of the Italian exhibition.

Meanwhile, a livestream connects the two locations, showing to the European visitors in Venice the interior of the White Cube in Lusanga. Thus a white cube in a plantation is actively compared to one at the top of the artworld. While their statue is temporarily repatriated, the Congolese collective is using the Venice space, which they identify as an "unhealthy privilege" as a stage to protest against the injustice that their ancestors suffered and that they themselves continue to endure.

While the Balot NFT appears to be a great accomplishment in itself, a successful project that had a concrete impact on the social, cultural and economic aspects of the CATPC community, this last passage of the story is also important. It testifies to global political dynamics that are difficult to intercept, and can be activated by the use of digital technologies.

ancestrale"[24], intenzionalmente sovvertendo le logiche coloniali che hanno portato alla genesi di tante collezioni di musei occidentali, nel tentativo di "restituire agentività, capitale e visibilità alle comunità delle piantagioni"[25]. I membri del collettivo, nel 2016, si sono imbarcati nella ricerca di una scultura in legno del 1931, intagliata durante una rivolta dei lavoratori nella regione dei Pende, raffigurante un esattore delle tasse belga, Maximilien Balot, ucciso durante gli scontri[26]. Dopo una faticosa ricerca, hanno scoperto che si trovava al Virginia Museum of Fine Arts (VMFA) di Richmond, acquisita nel 1972 da un archeologo newyorkese, che l'aveva a sua volta comprata da un abitante del luogo in difficoltà economiche. Desiderosi di poterla acquisire, o almeno ospitare per un periodo nel White Cube, i membri della cooperativa si sono recati negli Stati Uniti, dove però non hanno riscontrato grande disponibilità da parte del museo[27]. "Frustrato dopo anni di promesse a vuoto, il CATPC ha iniziato una collaborazione con l'artista olandese Renzo Martens, per coniare, distribuire ed esporre un'edizione di 300 NFT"[28] che riproducessero la statua. Grazie alla vendita di queste opere, il centro è riuscito anche ad acquistare dei nuovi appezzamenti di terra, per portare avanti la propria missione di ricostruzione. Quello che il progetto mette in luce, è come "rappresentazioni digitali come gli NFT possono equipaggiare gruppi marginalizzati con strumenti unici nelle battaglie attiviste, consentendogli di respingere le strutture restrittive di potere coloniale e contemporaneamente mettere in discussione discorsi sulla proprietà e sui diritti di proprietà"[29]. In questo caso, la replica di un oggetto da collezione viene realizzata per scopi che vanno oltre esigenze di ricerca, conservazione e guadagno – anche se tutti questi aspetti sono comunque parte del progetto – per intercettare una dimensione più complessa, identitaria e politica.

Come questi due esempi dimostrano, l'universo degli NFT, pur con le sue problematicità, può rivelarsi una grande risorsa per il panorama museale. Soprattutto se ci si confronta con progettualità che utilizzano la tecnologia per rivendicare un proprio spazio di ascolto e politica culturale.

Se all'epoca della produzione e vendita dell'NFT il VMFA non era stato collaborativo rispetto al prestito della statua di Balot, e aveva addirittura protestato per l'appropriazione illecita delle immagini dal proprio sito web per la creazione dell'opera digitale, la posizione del museo è cambiata drasticamente tra il 2023 e il 2024. Nell'aprile del 2024, il CATPC è in mostra al Padiglione Olandese della sessantesima Esposizione internazionale d'arte di Venezia, mentre la scultura originale è esposta nel White Cube, dove sarà visibile per tutto il tempo

Bibliography

Walter Benjamin, *L'opera d'arte nell'epoca della riproducibilità tecnica* (1936), in A. Pinotti – A. Somaini (eds.), *Aura e Choc*, Einaudi, Torino 2012, pp. 17-49

Samuel J. Bolton – Joseph R. Cora, "Virtual Equivalents of Real Objects (VEROs): A type of non-fungible token (NFT) that can help fund the 3D digitization of natural history collections", in *Megataxa*, vol. 6, n. 2, 2021, pp. 93-95

Marcello Carrozzino, "Gli Ambienti Virtuali", in *Educazione Sentimentale*, vol. 20, n. 2, 2013, pp. 45-52

Min Chen, "The Medium is the Message: How And Why The African Museum Of The Metaverse Builds", in *Jing Culture & Crypto. The business of art and culture in Web3*, 17 October 2022, https://jingculturecrypto.com/african-museum-of-the-metaverse/

Liz Feld, "Activating refusal: exploring NFTs to disrupt museum ownership", in *International Journal of Heritage Studies*, pp. 1-11

Yuha Jung, "Current use cases, benefits and challenges of NFTs in the museum sector: toward common pool model of NFT sharing for educational purposes", in *Museum Management and Curatorship*, 17 October 2022, pp. 1-17

Donghyun Kang, Haram Choi, SangHun Nam, "Learning Cultural Spaces: A Collaborative Creation of a Virtual Art Museum Using Roblox", in *International Journal of Emerging Technologies in Learning*, vol. 17, n. 22, 2022, pp. 232-245

Renzo Martens, "Balot NFT. A radical new model turns the NFT into a tool for decolonization", https://renzomartens.com/balotnft/

Hyun Kyung Lee, Soobin Park, Yeonji Lee, "A proposal of virtual museum metaverse content for the MZ generation", in *Digital Creativity*, vol. 33, n. 2, 2022, pp. 79-95

Kimberly Parker, "Most artists are not making money off NFTs and here are some graphs to prove it", in *Medium*, 19 April 2021, https://thatkimparker.medium.com/most-artists-are-not-making-money-off-nfts-and-here-are-some-graphs-to-prove-it-c65718d4a1b8

Peter Pavement, *The museum as media producer*, in K. Drotner, V. Dziekan, R. Parry, K. Schrøder (eds.), *The Routledge Handbook of Museums, Media and Communication*, Routledge, London 2018, pp. 31-46

Olivia Rybak-Karkosz, "Creation and sale of NFTs as an opportunity and challenge for contemporary museums", in *Muzealnictwo*, n. 64, 2023, pp. 67-72

Foteini Valeonti, Antonis Bikakis, Melissa Terras, Chris Speed, Andrew Hudson-Smith, Konstantinos Chalkias, "Crypto Collectibles, Museum Funding and OpenGLAM: Challenges, Opportunities and the Potential of Non-Fungible Tokens (NFTs)", in *Applied Sciences*, vol. 11, n. 9931, 2021, pp. 1-19

dell'esposizione italiana. Parallelamente, una proiezione live mette in connessione i due luoghi, mostrando ai visitatori a Venezia l'interno del White Cube a Losanga, collegando attivamente lo spazio espositivo nella piantagione con quello al centro della scena artistica mondiale.

Mentre la statua è temporaneamente rimpatriata, il collettivo congolese utilizza la piattaforma europea, che riconosce come un "privilegio poco sano" come un luogo dal quale denunciare le ingiustizie che i propri antenati, e gli abitanti di oggi, hanno sofferto e continuano a soffrire.

Se l'NFT della scultura di Balot è già un grande risultato, un progetto di successo che ha avuto conseguenze concrete dal punto di vista sociale, culturale ed economico per la comunità del CATPC, quest'ultimo passaggio è a sua volta di rilievo. Testimonia come dinamiche globali difficili da intercettare possono essere attivate utilizzando le tecnologie digitali.


Bibliografia

Walter Benjamin, *L'opera d'arte nell'epoca della riproducibilità tecnica* (1936), in A. Pinotti – A. Somaini (a cura di), *Aura e Choc*, Einaudi, Torino 2012, pp. 17-49

Samuel J. Bolton – Joseph R. Cora, "Virtual Equivalents of Real Objects (VEROs): A type of non-fungible token (NFT) that can help fund the 3D digitization of natural history collections", in *Megataxa*, vol. 6, n. 2, 2021, pp. 93-95

Marcello Carrozzino, "Gli Ambienti Virtuali", in *Educazione Sentimentale*, vol. 20, n. 2, 2013, pp. 45-52

Min Chen, "The Medium is the Message: How And Why The African Museum Of The Metaverse Builds", in *Jing Culture & Crypto. The business of art and culture in Web3*, 17 ottobre 2022, https://jingculturecrypto.com/african-museum-of-the-metaverse/

Liz Feld, "Activating refusal: exploring NFTs to disrupt museum ownership", in *International Journal of Heritage Studies*, novembre 2023, pp. 1-11

Yuha Jung, "Current use cases, benefits and challenges of NFTs in the museum sector: toward common pool model of NFT sharing for educational purposes", in *Museum Management and Curatorship*, ottobre 2022, pp. 1-17

Liutao Zhao, Jiawan Zhang, Hairong Jing, Jianping Wu, Yanjun Huang, "A Blockchain-Based cryptographic interaction method of digital museum collections", in *Journal of Cultural Heritage*, vol. 59, 2023, pp. 69-82

1. As written in *The Economist*, in October 2023 NFT sales reached 21.7 million dollars, 99% less than the highest sale of 2021. "Museums are learning to love NFTs. August institutions are adding tokenized artworks to their collections. Why?" in *The Economist*, October 30th 2023, https://www.economist.com/culture/2023/11/30/museums-are-learning-to-love-nfts

2. Foteini Valeonti, Antonis Bikakis, Melissa Terras, Chris Speed, Andrew Hudson-Smith, Konstantinos Chalkias, "Crypto Collectibles, Museum Funding and OpenGLAM: Challenges, Opportunities and the Potential of Non-Fungible Tokens (NFTs)", in *Applied Sciences*, vol. 11, n. 9931, 2021, p. 1

3. Walter Benjamin, *L'opera d'arte nell'epoca della riproducibilità tecnica* (1936), in A. Pinotti, A. Somaini (eds.), *Aura e Choc*, Einaudi, Torino 2012, pp. 17-49

4. Peter Pavement, *The museum as media producer*, in K. Drotner, V. Dziekan, R. Parry, K. Schrøder (eds.), *The Routledge Handbook of Museums, Media and Communication*, Routledge, London 2018, p. 35

5. Foteini Valeonti, Antonis Bikakis, Melissa Terras, Chris Speed, Andrew Hudson-Smith, Konstantinos Chalkias, "Crypto Collectibles, Museum Funding and OpenGLAM: Challenges, Opportunities and the Potential of Non-Fungible Tokens (NFTs)", cit., p. 4

6. Danny Nelson, "Even NYC's Highfalutin Guggenheim Museum Is Looking at NFTs, Job Posting Suggests", in *Coin Desk*, March 19th 2021, https://www.coindesk.com/business/2021/03/19/even-nycs-highfalutin-guggenheim-museum-is-looking-at-nfts-job-posting-suggests/

7. At https://unframed.lacma.org/2021/07/12/nfts-and-museum-part-1-nfts-101 accessed January 14th 2024

8. Marcello Carrozzino, "Gli Ambienti Virtuali", in *Educazione Sentimentale*, vol. 20, n. 2, 2013, pp. 47-48

9. Cfr. Olivia Rybak-Karkosz, "Creation and sale of NFTs as an opportunity and challenge for contemporary museums", in *Muzealnictwo*, n. 64, 2023, pp. 67-72

10. This solution can however be efficient only for a few museums, as on average the NFTs which can be sold for considerable sums are only 2% of the ones produced. A 2021 study revealed that around 29% of NFTs are sold at a price below 100 dollars, 69% are sold for an amount between 100 and 500 dollars, and only

Donghyun Kang, Haram Choi, SangHun Nam, "Learning Cultural Spaces: A Collaborative Creation of a Virtual Art Museum Using Roblox", in *International Journal of Emerging Technologies in Learning*, vol. 17, n. 22, 2022, pp. 232-245

Renzo Martens, "Balot NFT. A radical new model turns the NFT into a tool for decolonization", https://renzomartens.com/balotnft/

Hyun Kyung Lee, Soobin Park, Yeonji Lee, "A proposal of virtual museum metaverse content for the MZ generation", in *Digital Creativity*, vol. 33, n. 2, 2022, pp. 79-95

Kimberly Parker, "Most artists are not making money off NFTs and here are some graphs to prove it", in *Medium*, 19 aprile 2021, https://thatkimparker.medium.com/most-artists-are-not-making-money-off-nfts-and-here-are-some-graphs-to-prove-it-c65718d4a1b8

Peter Pavement, *The museum as media producer*, in K. Drotner, V. Dziekan, R. Parry, K. Schrøder (a cura di), *The Routledge Handbook of Museums, Media and Communication*, Routledge, London 2018, pp. 31-46

Olivia Rybak-Karkosz, "Creation and sale of NFTs as an opportunity and challenge for contemporary museums", in *Muzealnictwo*, n. 64, 2023, pp. 67-72

Foteini Valeonti, Antonis Bikakis, Melissa Terras, Chris Speed, Andrew Hudson-Smith, Konstantinos Chalkias, "Crypto Collectibles, Museum Funding and OpenGLAM: Challenges, Opportunities and the Potential of Non-Fungible Tokens (NFTs)", in *Applied Sciences*, vol. 11, n. 9931, 2021, pp. 1-19

Liutao Zhao, Jiawan Zhang, Hairong Jing, Jianping Wu, Yanjun Huang, "A Blockchain-Based cryptographic interaction method of digital museum collections", in *Journal of Cultural Heritage*, vol. 59, 2023, pp. 69-82


1. Come scrive *The Economist*, a ottobre 2023 le vendite di NFT raggiungevano i 21.7 milioni di dollari, 99% in meno del picco di spesa di gennaio 2021. "Museums are learning to love NFTs. August institutions are adding tokenised artworks to their collections. Why?" in *The Economist*, 30 ottobre 2023, https://www.economist.com/culture/2023/11/30/museums-are-learning-to-love-nfts

2. Foteini Valeonti, Antonis Bikakis, Melissa Terras, Chris Speed, Andrew Hudson-Smith, Konstantinos Chalkias, "Crypto Collectibles, Museum Funding and OpenGLAM: Challenges, Opportunities and the Potential of Non-Fungible Tokens (NFTs)", in *Applied Sciences*, vol. 11, n. 9931, 2021, p. 1

3. Walter Benjamin, *L'opera d'arte nell'epoca della riproducibilità tecnica* (1936), in A. Pinotti – A. Somaini (a cura di), *Aura e Choc*, Einaudi, Torino 2012, pp. 17-49

the remaining 2% are sold at an average price of 900 dollars. Kimberly Parker, "Most artists are not making money off NFTs and here are some graphs to prove it", in *Medium*, April 19th 2021, https://thatkimparker.medium.com/most-artists-are-not-making-money-off-nfts-and-here-are-some-graphs-to-prove-it-c65718d4a1b8

11. Yuha Jung, "Current use cases, benefits and challenges of NFTs in the museum sector: toward common pool model of NFT sharing for educational purposes", in *Museum Management and Curatorship*, October 2022, pp. 451-467

12. Liutao Zhao, Jiawan Zhang, Hairong Jing, Jianping Wu, Yanjun Huang, "A Blockchain-Based cryptographic interaction method of digital museum collections", in *Journal of Cultural Heritage*, vol. 59, 2023, pp. 69-82

13. Samuel J. Bolton – Joseph R. Cora, "Virtual Equivalents of Real Objects (VEROs): A type of non-fungible token (NFT) that can help fund the 3D digitization of natural history collections", in *Megataxa*, vol. 6, n. 2, 2021, pp. 93-95

14. Ivi, p. 94

15. Accessibile at https://africametaversemuseum.com/

16. As the project website explains, inside the "History" section and with reference to the creation of the different locations of the project: "The African Metaverse Museum was initially created in Voxels (originally Cryptovozels) on the island of Proton in november 2021. Later, the original location of the museum was moved to the island of Seoul, in December 2021. The first location is now home to the del Voxels Afro Market. The location in Decentraland, moreover, is (-52,147) in the Afroverse Estate"

17. Min Chen, "The Medium is the Message: How And Why The African Museum Of The Metaverse Builds", in *Jing Culture & Crypto. The business of art and culture in Web3*, https://jingculturecrypto.com/african-museum-of-the-metaverse/

18. These comprise of the African NFT Community, the Kenyan NFT Club, the Afro Crypto Punk and the 1mA Collective, all organizations which aim to capitalize on the commercial and marketing potential of the digital environment, in order to strengthen the african creative ecosystem

19. Donghyun Kang, Haram Choi, SangHun Nam, "Learning Cultural Spaces: A Collaborative Creation of a Virtual Art Museum Using Roblox", in *International Journal of Emerging Technologies in Learning*, vol. 17, n. 22, 2022, pp. 232-245

20 Hyun Kyung Lee, Soobin Park, Yeonji Lee, "A proposal of virtual museum metaverse content for the MZ generation", in *Digital Creativity*, vol. 33, n. 2, 2022, pp. 93-94

21. Ivi, p. 79

22. Min Chen, "The Medium is the Message: How And Why The African Museum Of The Metaverse Builds", cit.

4. Peter Pavement, *The museum as media producer*, in K. Drotner, V. Dziekan, R. Parry, K. Schrøder (a cura di), *The Routledge Handbook of Museums, Media and Communication*, Routledge, London 2018, p. 35

5. Foteini Valeonti, Antonis Bikakis, Melissa Terras, Chris Speed, Andrew Hudson-Smith, Konstantinos Chalkias, "Crypto Collectibles, Museum Funding and OpenGLAM: Challenges, Opportunities and the Potential of Non-Fungible Tokens (NFTs)", cit., p. 4

6. Danny Nelson, "Even NYC's Highfalutin Guggenheim Museum Is Looking at NFTs, Job Posting Suggests", in *Coin Desk*, 19 marzo 2021, https://www.coindesk.com/business/2021/03/19/even-nycs-highfalutin-guggenheim-museum-is-looking-at-nfts-job-posting-suggests/

7. Accessibile all'indirizzo https://unframed.lacma.org/2021/07/12/nfts-and-museum-part-1-nfts-101 consultato in data 14 gennaio 2024

8. Marcello Carrozzino, "Gli Ambienti Virtuali", in *Educazione Sentimentale*, vol. 20, n. 2, 2013, pp. 47-48

9. Cfr. Olivia Rybak-Karkosz, "Creation and sale of NFTs as an opportunity and challenge for contemporary museums", in *Muzealnictwo*, n. 64, 2023, pp. 67-72

10. Questa soluzione si rivela efficace però solo per pochi musei, perché in media gli NFT che possono essere venduti a cifre considerevoli sono meno del 2%. Uno studio del 2021 ha rivelato che circa il 29% degli NFT viene venduto a una cifra inferiore di 100 dollari, approssimativamente il 69% a una cifra tra i 100 e i 500 dollari, e un restante 2% a una cifra media di 900 dollari. Kimberly Parker, "Most artists are not making money off NFTs and here are some graphs to prove it", in *Medium*, 19 aprile 2021, https://thatkimparker.medium.com/most-artists-are-not-making-money-off-nfts-and-here-are-some-graphs-to-prove-it-c65718d4a1b8

11. Yuha Jung, "Current use cases, benefits and challenges of NFTs in the museum sector: toward common pool model of NFT sharing for educational purposes", in *Museum Management and Curatorship*, ottobre 2022, p. 6

12. Liutao Zhao, Jiawan Zhang, Hairong Jing, Jianping Wu, Yanjun Huang, "A Blockchain-Based cryptographic interaction method of digital museum collections", in *Journal of Cultural Heritage*, vol. 59, 2023, pp. 69-82

13. Samuel J. Bolton – Joseph R. Cora, "Virtual Equivalents of Real Objects (VEROs): A type of non-fungible token (NFT) that can help fund the 3D digitization of natural history collections", in *Megataxa*, vol. 6, n. 2, 2021, pp. 93-95

14. Ivi, p. 94

15. Accessibile all'indirizzo https://africametaversemuseum.com/

16. Come recita il sito web del progetto, nella sezione "History" e in merito alla cronologia della creazione delle diverse location del progetto: "Il Museo Africano del

23. The Art Circle of Congolese Plantation Workers

24. Kate Brown, "We Reappropriated What Belongs to Us': Congolese Artist Minted NFTs of a Colonial-Era Sculpture – And the Museum That Owns It is Not Happy", in *Artnet News*, February 22nd 2022, https://news.artnet.com/market/kow-nft-catpc-2073732

25. Information accessible on the museum website at https://catpc.org/

26. Renzo Martens, "Balot NFT. A radical new model turns the NFT into a tool for decolonization", https://renzomartens.com/balotnft/

27. A detailed account of the search for the artwork and of the entire story can be found in the documentary film *Plantations and Museums*, produced in collaboration with artist Renzo Martens

28 Liz Feld, "Activating refusal: exploring NFTs to disrupt museum ownership Activating refusal: exploring NFTs to disrupt museum ownership", in *International Journal of Heritage Studies*, November 2023, pp. 1-12, p. 5

29. Ivi, p. 2

Metaverso è stato fondato per la prima volta in Voxels (in precedenza Cryptovoxels) sull'isola di Proton nel novembre 2021. Successivamente, la posizione del museo originale è stata spostata nell'isola di Seoul a dicembre 2021. La posizione originale è ora la sede del Voxels Afro Market. La sua posizione in Decentraland è (-52,147) sull'Afroverse Estate"

17. Min Chen, "The Medium is the Message: How And Why The African Museum Of The Metaverse Builds", in *Jing Culture & Crypto. The business of art and culture in Web3*, https://jingculturecrypto.com/african-museum-of-the-metaverse/

18. Tra cui l'African NFT Community, il Kenyan NFT Club, l'Afro Crypto Punk e il 1mA Collective, tutte realtà di matrice africana che vogliono capitalizzare sulle potenzialità di commercializzazione e promozione del sistema digitale dell'arte per offrire delle nuove opportunità all'ecosistema creativo africano

19. Donghyun Kang, Haram Choi, SangHun Nam, "Learning Cultural Spaces: A Collaborative Creation of a Virtual Art Museum Using Roblox", in *International Journal of Emerging Technologies in Learning*, vol. 17, n. 22, 2022, pp. 232-245

20 Hyun Kyung Lee, Soobin Park, Yeonji Lee, "A proposal of virtual museum metaverse content for the MZ generation", in *Digital Creativity*, vol. 33, n. 2, 2022, pp. 93-94

21. Ivi, p. 79

22. Min Chen, "The Medium is the Message: How And Why The African Museum Of The Metaverse Builds", cit.

23. La lega d'arte dei lavoratori delle piantagioni del Congo

24. Kate Brown, "We Reappropriated What Belongs to Us': Congolese Artist Minted NFTs of a Colonial-Era Sculpture – And the Museum That Owns It is Not Happy", in *Artnet News*, 22 febbraio 2022, https://news.artnet.com/market/kow-nft-catpc-2073732

25. Informazioni accessibili sul sito web del progetto, all'indirizzo https://catpc.org/

26. Renzo Martens, "Balot NFT. A radical new model turns the NFT into a tool for decolonization", https://renzomartens.com/balotnft/

27. Un resoconto dettagliato della ricerca della statua, e di tutta la vicenda che ne è seguita, può essere ritrovato nel film documentario *Plantations and Museums*, creato in collaborazione con l'artista Renzo Martens

28 Liz Feld, "Activating refusal: exploring NFTs to disrupt museum ownership Activating refusal: exploring NFTs to disrupt museum ownership", in *International Journal of Heritage Studies*, novembre 2023, p. 5

29. Ivi, p. 2

*Simone Arcagni*

# Cinema and NFTs: a new challenge

## Background: an exhibition

In 2022, I curated with Mattia Nicoletti the exhibition *NFT | Cinema*, produced by Cinecittà Spa for RomeVideogameLab, in collaboration with Rai Cinema ANICA – Unione Editori e Creators Digitali (Publishers and Digital Creators Union). The project was initiated as a first investigation into the use of NFTs in the world of cinema. After two years, the premise remains the same: NFTs represent an economic model to define the originality of digital and virtual works and promote their commercial use. So, how can a purely economic issue impact the world of cinema?

## Marketing

The marketing sector of the film industry may be mostly interested in NFTs due to the potential of exploiting an imaginary world or a complex brand, such as films, their history, and images. Marketing was the first to explore this potential, exploiting the possibility of extrapolating new generation works and objects (merchandising) and producing both direct commercial value (sales) and communication, and therefore, the film's promotion. The marketing departments of some production companies have thus started extracting digital works from their films, "tokenizing" them and showing them on various platforms. The objective is twofold – to sell them and, above all, to animate the communication around the film. This type of communication can colonize different spaces, such as the Metaverse, blockchain platforms, etc.

Through marketing, NFTs are thus inserted into a broader and more complex discussion about the contemporary film industry's "multimedia" or, even better, "transmedia" marketing strategies. The object, the NFT work, becomes part of a larger narrative that helps promote the film itself and colonizes, with the film's

*Simone Arcagni*

# Il cinema alla prova degli NFT

## Antefatto: una mostra

Nel 2022 ho curato assieme a Mattia Nicoletti la mostra intitolata *NFT | Cinema*, prodotta da Cinecittà Spa per il RomeVideogameLab con la collaborazione di Rai Cinema ANICA – Unione Editori e Creators Digitali. Il progetto nasceva come una prima ricognizione dell'uso degli NFT nel mondo del cinema. Dopo due anni la premessa rimane la stessa: gli NFT rappresentano un modello economico per definire l'originalità di un'opera digitale e virtuale e per promuoverne un uso commerciale. Come può quindi una questione meramente economica impattare sul mondo del cinema?

## Marketing

Ovviamente lo scomparto dell'industria cinematografica che può essere maggiormente interessato agli NFT è il marketing, in quanto afferisce alle possibilità di sfruttamento di un immaginario, o se vogliamo di un brand complesso come è il film, la sua storia, le sue immagini. E infatti il marketing per primo si è mosso in questo ambito provando a sfruttare la possibilità di estrapolare opere e oggetti (*merchandising*) di nuova generazione e produrne valore sia commerciale diretto (la vendita) che per la comunicazione, e quindi la promozione del film stesso. Gli scomparti di marketing di alcune case di produzione si sono così attivati per estrarre opere digitali dai propri film, "tokenizzarle", e mostrarle su diverse piattaforme con il duplice scopo di venderle, ma soprattutto di animare la comunicazione intorno al film. Una comunicazione in grado di colonizzare spazi diversi come i Metaversi, le piattaforme di blockchain e così via.

La via del marketing quindi innesta gli NFT all'interno di un discorso più ampio e più complesso che ha a che fare con le strategie "multimediali", o ancora meglio,

imagery, increasingly complex communication spaces (assuming that this was the intention from the start). This is the case with the virtual posters of *Deadpool 2* (2018), which were successfully sold on the OpenSea platform. The launch campaign for *Occhiali Neri* by Dario Argento (2022) is emblematic: 588 NFTs of the film were released, with each purchase guaranteeing the buyer a pair of real branded sunglasses. The operation bridged the real and digital world, expanding transmedia campaign possibilities. It is interesting how NFTs have become a part of social communication in this film, trying to bridge the gap between real and virtual worlds. In this film, NFTs are not limited to the virtual world but have become a part of social communication, trying to connect real and virtual, just as many transmedia campaigns do. Even cinemas are affected by these practices: the UCI Cinema chain rewarded ticket buyers for the film *Jurassic World – Dominion* (2022) with an original NFT. A solution that typically applies to the realm of interactive video games, which appeals to an audience that is not particularly interested in cinema.

## The authorship question

One specific feature of the NFTs is their uniqueness. They have defined a digital image that arises in a normally open context as rare and unique (a concept that includes free and widespread sharing). Smart contracts and blockchain construction through the identification of an artwork and its uniqueness (or its low and guaranteed number of copies) define the NFT value. This uniqueness is also used to highlight the authorship and draw attention to the author of the work. Arthouse cinema NFTs work on practices and systems very similar to those that have defined the art NFT system. The case of the NFTs based on Luc Besson's movie *Music Hole*, signed by the French director himself and marketed by the Binance platform, stands halfway between promoting the film, collecting, and an autonomous form of digital artistic production related to cinema. The digital collection of films can take various forms and use different approaches. On the one hand, there are the collectible NFTs created during the release of *Spiderman – No Way Home* (2021). On the other hand, there is the more cultural and artistic approach of Quentin Tarantino, who "tokenized" certain parts of the original screenplay of *Pulp Fiction* (1994) and put them up for auction via the Secret Network platform.

transmediali, del marketing cinematografico contemporaneo. L'oggetto, l'opera NFT, diviene parte di una narrazione più ampia in grado di supportare la promozione del film stesso e, allo stesso tempo, di colonizzare, con gli immaginari del film, spazi di comunicazione sempre più complessi (almeno nelle intenzioni). È il caso dei poster virtuali dedicati a *Deadpool 2* (2018) venduti con un certo successo sulla piattaforma OpenSea. Emblematico è il caso della campagna di lancio di *Occhiali neri* (2022) di Dario Argento: 588 NFT del film sono stati rilasciati e il loro acquisto assicurava al compratore anche un paio di veri occhiali da sole brandizzati. L'operazione aveva il merito di assicurare un ponte tra mondo reale e digitale, ampliando le possibilità della campagna transmediale. È infatti interessante notare come la questione NFT non rimanga relegata al mero spazio virtuale, divenendo una parte della comunicazione social del film, bensì provi a connettere reale e virtuale (così come molte campagne transmediali). Anche la sala cinematografica viene investita da queste pratiche: la catena di sale UCI Cinema premiava gli acquirenti del biglietto del film *Jurassic World – Il Dominio* (2022) con un NFT originale, solleticando, con soluzioni che normalmente attengono al mondo dei videogame partecipati, un pubblico che viene percepito come non particolarmente sensibile al fascino della sala cinematografica.

## La questione dell'autore

Ciò che caratterizza l'NFT è la sua unicità, il fatto di aver definito unica (o rara) un'immagine digitale che nasce in un contesto normalmente *open* (concetto che include la gratuità e la condivisione ampia). Lo *smart contract* e la costruzione della blockchain con l'identificazione di un'opera e della sua unicità (o del numero ridotto e garantito di copie) definisce quindi il valore dell'NFT. Questa unicità viene sfruttata anche per porre l'attenzione, per esempio, sull'autore dell'opera (andando quindi a evidenziare l'unicità e altresì l'autorialità della stessa). L'NFT cinematografico d'autore lavora su pratiche e sistemi molto simili a quelli che hanno definito il sistema NFT dell'arte. Il caso degli NFT derivati dal film *Music Hole* di Luc Besson, firmati dallo stesso regista francese e messi in commercio dalla piattaforma Binance, si colloca a metà strada tra la promozione del film, il collezionismo e una forma autonoma di produzione artistica digitale riferita al cinema. Il collezionismo cinematografico digitale, infatti, può assumere forme mutevoli e contemplare formule diverse: da una parte gli NFT collezionabili realizzati in occasione dell'uscita di *Spiderman – No Way Home* (2021), dall'altra l'operazione più culturale e artistica di Quentin Tarantino che

NFT museum

Some works' authorial and artistic dimensions have pushed the exploration of the museum dimension. An emblematic case is that of Wong Kar-wai: in 2021, Sotheby's auctioned the director's NFT, *In the Mood for Love - Day One*, at the Modern Art Sales in Hong Kong. It is an unreleased 90-second footage from the first day of filming *In the Mood for Love* (2000). The operation is part of cinematographic authorship that focuses on collecting. In this context, the NFT of Wong Kar-wai's film is an artistic "piece" of arthouse cinema. This type of artistic collecting is once again about uniqueness but also about authorship, cinematographic artifacts, and archival fragments. It is a dimension that is revived for collectors, fans and museums. It is precisely the museum dimension that overlooks this market, perhaps passing through the archives. This is what happened with another historical fragment, *Applausi*, by Dario Bellini (OpenSea, 2022), that captures a shot from Federico Fellini's *Ginger and Fred* (1986) during its production. This valuable historical artifact is transformed into a digital format by converting into an NFT. In this way, it can establish its own role in private and public collections and archival practices.

NFT films

Wong Kar-wai's NFT and *Applausi* show that NFTs do not necessarily have to be static images. They can also be videos, raising some interesting thoughts on the different modalities in which this technology can be used. Roman Coppola founded DCP (Decentralized Pictures), a production company that uses NFTs to fund works by emerging directors. The aim is to create a decentralized "bottom-up" production system that attracts investment and generates communities of spectators interested in new phenomena. NFTs can also be real movies. For instance, David Caitlin Cronenberg's short film *The Death of David Cronenberg* (2021), which featured her famous father, the director, was sold on the SuperRare digital platform. The auction began with an offer of 0.1 Ethereum, and the work was finally bought for 25 ETH, approximately 70 thousand dollars.

"NFT movies" may trigger new forms of distribution and visions and a new form of productive economy. On one hand, NFTs can be used as a means of restitution

ha "tokenizzato" alcune parti della sceneggiatura originale di *Pulp Fiction* (1994) e le ha messe all'asta attraverso la piattaforma Secret Network.

## Il museo degli NFT

Proprio la dimensione autoriale e artistica di alcune opere ha sospinto alcuni a esplorare una dimensione museale. Un caso emblematico è quello di Wong Kar-wai: nel 2021 Sotheby's in occasione della Modern Art Sales di Hong Kong ha battuto all'asta l'NFT del regista dal titolo *In the Mood for Love - Day One*. Si tratta di un filmato inedito di 90 secondi del primo giorno di riprese di *In the Mood for Love* (2000). L'operazione rientra nel quadro di un'autorialità cinematografica che lavora sul collezionismo. L'NFT del film di Wong Kar-wai diviene così "pezzo" artistico estrapolato dal cinema d'autore. Ovviamente questo tipo di collezionismo artistico lavora sia sull'unicità (ancora una volta), ma anche sulla autorialità e su di una dimensione di reperto cinematografico, di frammento da archivio che rivive per il collezionista, il fan, ma anche per i musei. E infatti è proprio la dimensione museale che si affaccia su questo mercato, magari passando proprio per gli archivi. È quanto è successo per un altro frammento storico: *Applausi* di Dario Bellini (OpenSea, 2022): si tratta di una ripresa fatta sul set di *Ginger e Fred* (1986) di Federico Fellini. Un reperto di valore storico che diventa opera digitale attraverso la sua conversione in NFT e che può così rivendicare un proprio ruolo nelle dinamiche legate al collezionismo, pubblico o privato, così come alle pratiche archivistiche.

## Film NFT

L'NFT di Wong Kar-wai, così come *Applausi*, dimostrano come gli NFT non devono per forza essere immagni statiche ma possono anche essere video, fatto questo che innesta interessanti riflessioni su diverse modalità di utilizzo di questa tecnologia. Roman Coppola, per esempio, fonda DCP (Decentralized Pictures), casa di produzione che raccoglie fondi tramite NFT per produrre opere di registi emergenti. L'idea è quella di costruire un sistema produttivo dal basso e "decentralizzato" in grado di attirare investimento ma anche di creare comunità di spettatori attenti ai nuovi fenomeni. Gli NFT possono anche essere veri e propri film, come nel caso del cortometraggio *The Death of David Cronenberg* (2021) di Caitlin Cronenberg con

for crowdfunding campaigns that contribute to creating the work. On the other hand, we should consider that NFTs are based on DAO (Decentralized Autonomous Organization) platforms that can be transformed into new cinematographic stages and help to build communities around a film, a young talent, a genre, etc.

Conclusions: the (NFT) cinema that does not exist

Between 2021 and 2022, in the wake of the Covid-19 emergency, that forced a reevaluation of remote digital strategies, NFTs emerged as an interesting economic model to facilitate cinema economy. This involved a complete rethinking of all aspects of the industry, from production (Kevin Smith, Ridley Scott, etc.) to distribution and communication, considering even completely remote fruition models such as the Metaverse. This has not led to an "NFT cinema" but has laid the groundwork for the potential forms of production and distribution developments on perhaps new-generation Internet platforms, which will be useful for exploring the possibilities of a different cinema economy.

Although the hype around NFTs has diminished, the value of a technological device that can certify digital objects and, therefore, make them unique and rare, remains. Moreover, the structure on which this device is supported and based, namely the blockchain, remains, which could ensure a break from the current web model of the web as we know it (we are talking about Web3). This offers a more collaborative and customizable system.

DAOs, within which NFTs would be exchanged, could virtually become dynamic communities that define themselves in a territory between fandom and collecting, ready for crowdfunding (and therefore co-production) interventions.

The NFT model (deprived of its evident speculative infiltrations) can play a central role above all in the digital scenario that could change with the introduction and integration of a broader usage of artificial generative and "space-oriented" intelligence. To embrace solutions of spatial computing and the Metaverse area that combine VR, AR, MR photogrammetry, and video mapping. Essentially, we envision a digital model that expands towards more "spatialized" solutions. These solutions will merge real and virtual places and primarily focus on managing data and experiences through interfaces that prioritize sound, movement, and the creation of digital alter-egos (avatars). Inside this hyper-spatial dimension of the

protagonista il padre, il regista David Cronenberg, messo all'asta sulla piattaforma digitale SuperRare partendo da un'offerta di 0,1 Ethereum. L'opera è stata acquistata al prezzo di 25 ETH (circa 70 mila dollari).

Il "film NFT" può innescare nuove forme di distribuzione e visione, così come nuove forme di economia produttiva. Da una parte può essere alimentato da campagne di crowdfunding che trovano negli stessi NFT l'oggetto di restituzione evidente del proprio contributo alla realizzazione dell'opera. Dall'altra, proprio perché gli NFT si basano su piattaforme DAO (Decentralized Autonomous Organization), queste si possono trasformare in nuovi palcoscenici cinematografici attenti a creare comunità intorno a un film o a un giovane talento o a un genere etc.

Conclusioni: il cinema (NFT) che non c'è

Tra il 2021 e il 2022, anche sull'onda dell'emergenza Covid che ha imposto una rivalutazione delle strategie digitali in remoto, gli NFT sono sembrati un modello economico interessante per facilitare forme di economia del cinema: dalla produzione vera e propria (Kevin Smith, Ridley Scott...) fino alla distribuzione e la comunicazione, magari pensando a modelli di fruizione completamente in remoto, come nel caso del Metaverso. Tutto questo non ha evidentemente prodotto un "cinema NFT" ma ha posto le basi per un eventuale sviluppo di forme produttive e distributive su piattaforme Internet magari di nuova generazione che saranno utili per sondare le possibilità di una economia del cinema differente.

Se il clamore degli NFT è evidentemente scemato, rimane il valore di un dispositivo tecnologico in grado di certificare, e quindi rendere unico e raro un oggetto digitale (o parzialmente digitale). Rimane inoltre la struttura su cui si regge e poggia questo dispositivo, e cioè la blockchain che potrebbe garantire discontinuità rispetto al modello del web per come lo conosciamo (e infatti si parla di Web3) offrendo un sistema maggiormente condiviso e personalizzabile.

Le DAO, entro cui si scambierebbero gli NFT, potrebbero virtualmente diventare delle comunità dinamiche che si definiscono in un territorio tra il fandome e il collezionismo pronti a interventi di crowdfunding (e quindi di co-produzione).

Il modello NFT (spurgato da evidenti infiltrazioni speculative) può assumere un ruolo centrale soprattutto nel panorama digitale che potrebbe modificarsi sostanzialmente con l'immissione ma soprattutto con l'integrazione di un uso espanso delle intelligenze artificiali generative e della dimensione "spaziale" che

digital, many data, as well as many "voices" and presences, will be generated by AI. NFTs could be used as a prevailing economic solution for exchanges, sales, or purchases through certified systems, which could be produced by humans and AI working together through information exchange and automatic "chain" generations. As they are based on digital systems, experiences, and collaborations, NFTs could be an efficient model for exchanging goods in an increasingly hybrid and phygital dimension. They are also quite tested in the gaming sector (i.e., where there is a history of fluid online communities that share and exchange). They are useful instruments to go back to the cinema, and this is fundamental, especially at a time when cinema (its production, collecting, archiving, etc.) is moving towards hybrid spaces dominated by AI.

abbraccia soluzioni di *spatial computing* e l'area del Metaverso dove si combinano VR, AR, MR, fotogrammetria e videomapping. Immaginiamo insomma un'espansione del modello digitale verso soluzioni sempre più "spazializzate" che quindi ibridano luoghi reali e virtuali, e soprattutto tendono a gestire i *data* e le esperienze attraverso interfacce che privilegiano il suono, il movimento e la costruzione di alter-ego digitali (avatar). In questa dimensione iper-spaziale del digitale molti *data*, così come molte "voci" e presenze saranno generate dalla IA. In una dimensione come questa gli NFT potrebbero essere la soluzione economica prevalente per scambi, vendite o acquisti attraverso sistemi certificati, magari prodotti da umani e IA in collaborazione tramite scambio di informazioni e generazioni automatiche di "chain". Gli NFT potrebbero essere il modello più efficace di scambio merci in una dimensione sempre più ibrida e phygital proprio per la prerogativa di basarsi direttamente su sistemi, esperienze e condivisioni digitali, e per il fatto di essere strumenti già piuttosto collaudati in ambito gaming (cioè laddove si è stratificata una storia di condivisioni e scambi di comunità "fluide" online). Uno strumento, quindi, per tornare al cinema, fondamentale nel momento in cui il cinema (come produzione, collezione, archivio etc.) si trasferisce sempre più in spazi ibridi dominati da IA.

Bibliography

Simone Arcagni, *NFT | Cinema*, Kaplan, Torino 2022

Vitalik Buterin, *Proof of Stake. The Making of Ethereum and the Philosophy of Blockchains*, HarperCollins, New York 2022

Henry Jenkins, Sam Ford, Joshua Green, *Spreadable media. I media tra condivisione, circolazione, partecipazione*, Apogeo, Milano 2013

Henry Jenkins, *Cultura convergente*, Apogeo, Milano 2014

Riccardo Milanesi, *Alternate Reality Game. Costruire mondi possibili per un futuro migliore*, Franco Angeli, Milano 2021

Domenico Quaranta, *Surfing con Satoshi. Arte, blockchain e NFT*, Postmedia Books, Milano 2021

Camila Russo, *The Infinite Machine: How an Army of Crypto-Hackers Is Building the Next Internet with Ethereum*, Harperbusiness, New York 2020

Amy Whitaker – Nora Burnett Abrams, *The Story of NFTs: Artists, Technology, and Democracy*, Rizzoli Electa, Milano 2023

Bibliografia

Simone Arcagni, *NFT | Cinema*, Kaplan, Torino 2022

Vitalik Buterin, *Proof of Stake. The Making of Ethereum and the Philosophy of Blockchains*, HarperCollins, New York 2022

Henry Jenkins, Sam Ford, Joshua Green, *Spreadable media. I media tra condivisione, circolazione, partecipazione*, Apogeo, Milano 2013

Henry Jenkins, *Cultura convergente*, Apogeo, Milano 2014

Riccardo Milanesi, *Alternate Reality Game. Costruire mondi possibili per un futuro migliore*, Franco Angeli, Milano 2021

Domenico Quaranta, *Surfing con Satoshi. Arte, blockchain e NFT*, Postmedia Books, Milano 2021

Camila Russo, *The Infinite Machine: How an Army of Crypto-Hackers Is Building the Next Internet with Ethereum*, Harperbusiness, New York 2020

Amy Whitaker, Nora Burnett Abrams, *The Story of NFTs: Artists, Technology, and Democracy*, Rizzoli Electa, Milano 2023

*Riccardo Manzotti*

## NFT and the issue of value in the digital landscape: from material work to digital haecceity

The advent of digital has triggered a profound shift in the perception and evaluation of art, a revolution that finds its most emblematic expression in Non-Fungible Tokens (NFTs). These digital tools, at the intersection of technology and creativity, challenge our conventional notions of value, ownership and originality, opening up new horizons in the artistic landscape. The value of a work of art, from paintings on lapis lazuli to marble sculptures, was once intrinsically linked to its materiality: each piece was unique not only for its aesthetic appearance but also for its physical substrate. This physical uniqueness of the work gave it an inherent value that was almost universally recognized and accepted.

With the advent of the digital age and the growing dematerialization of art, questions arise about determining value in a domain where physical uniqueness is less evident, if not completely absent. How to preserve the originality of a work in an environment where reproduction is prevalent? NFTs offer an intriguing answer to these questions, bringing to the forefront the concept of digital *haecceitas* – a unique and unrepeatable identity in the digital world.

In this contribution, I will analyze the evolution of the concept of value in art from the pre-industrial era, when material works were dominant, to the contemporary era of NFTs. By analyzing ontological reductionism and individuation theories, such as *haecceitas*, we will try to understand how blockchain technology and NFTs are redefining how we perceive and attribute value in art. In this context, the value of art is no longer tied to physical properties, but rather to a unique and traceable digital identity, which fundamentally alters how we approach art and its evaluation.

Before the Industrial Revolution, the value of a work of art was almost always linked to a material object. Statues and paintings were seen as physical representations of something valuable. This value was determined by a combination of various factors, such as the material used to create the object (such as gold or the expensive lapis lazuli), the quality of the craftsmanship, the overall beauty of the object, and the level of difficulty involved in its creation. The proportion and determination of these factors were indeterminate, but it was believed that they

*Riccardo Manzotti*

# NFT e il problema del valore nel panorama digitale: dall'opera materiale all'ecceità digitale

L'avvento del digitale ha innescato un profondo ripensamento nella percezione e valutazione dell'arte, una rivoluzione che trova la sua espressione più emblematica nei Non-Fungible Token (NFT). Questi strumenti digitali, al crocevia tra tecnologia e creatività, sfidano le nostre tradizionali nozioni di valore, proprietà e originalità, aprendo nuovi orizzonti nel panorama artistico. Un tempo, il valore di un'opera d'arte era intrinsecamente legato alla sua materialità: ogni pezzo era unico non solo per il suo aspetto estetico, ma anche per il suo substrato fisico – dalle pitture sui lapislazzuli alle sculture in marmo. Questa unicità fisica conferiva all'opera un valore intrinseco, riconosciuto e accettato in maniera quasi universale.

Tuttavia, con l'avvento dell'era digitale e la crescente dematerializzazione dell'arte, ci troviamo a confrontarci con nuove questioni: come si determina il valore in un dominio dove l'unicità fisica è meno evidente, se non addirittura assente? Come si riconosce e si preserva l'originalità di un'opera in un ambiente dove la riproducibilità è all'ordine del giorno? Gli NFT emergono come una risposta intrigante a queste domande, portando in primo piano il concetto di *haecceitas* digitale – un'identità unica e irripetibile nel mondo digitale.

In questo contributo analizzo il cambiamento radicale nel concetto di valore nell'arte, dall'epoca pre-industriale dominata dall'aura delle opere materiali, fino all'era contemporanea degli NFT. Attraverso l'analisi del riduzionismo ontologico e delle teorie di individuazione, come l'*haecceitas*, cercheremo di capire come la tecnologia blockchain e gli NFT stiano ridefinendo il modo in cui percepiamo e attribuiamo valore nell'arte. In questo contesto, il valore si stacca dalle proprietà fisiche tangibili per ancorarsi a un'identità digitale tracciabile e unica, trasformando radicalmente il nostro approccio all'arte e alla sua valutazione.

Prima della rivoluzione industriale, il valore di un'opera d'arte era legato quasi sempre a un oggetto materiale. Si possedeva una statua o un quadro che erano fisicamente l'incarnazione di qualcosa che si reputava avesse un determinato valore. Come accennato prima, questo valore era la combinazione di vari fattori: il materiale con cui l'oggetto era stato realizzato (pensiamo all'oro o al blu ottenuti con i

all played a role in assigning a certain value to an object. The evaluation was not significantly different from that, for example, of a jeweler.

After the sacralization of the artist's figure in the secular-sacral twist produced by Giorgio Vasari's text (1550), a new idea was introduced – the close and intimate connection between an artwork and its creator. This concept became popular in the notion of the original. In fact, regardless of its material characteristics, the original is believed to possess an intangible quality that gives it added value that can be easily monetized. Art dealers and historians have always made significant efforts to justify the value of the original by pointing out its unique qualities that can't be replicated. Beyond the contingent problem of reproducing some brushstrokes in the right way, it is widely understood that in many artistic forms perfect reproducibility is either achievable (as in sculpture), not applicable (as in music), or not an element of the medium, as in digital works[1].

In recent times, the issue of plagiarism and imitation has become a recurring theme in artistic expression. Reproduction technologies had already created tension between the concept of a work of art and the original. With the rise of digital art and the use of NFTs, this discussion has reached a critical point where classical concepts lose meaning. An intuitive approach is needed to give language a new balance.

Leaving aside considerations and inevitable references, I would like to get to the heart of the matter quickly. The fundamental basis of the Western world's ontology is the concept of individuals and their properties, in a metaphysical rather than ontological sense. The central question is whether a person or entity is more than just the sum of its characteristics. This question has been asked several times, and should enable us to answer the central question of the identity of things (and, therefore, of works of art) and individuals (and therefore of the artists and users).

Referring to a traditional work of art made by a material object, let's pose the question in general terms, in light of Arthur Danto's analysis[2]. To make it simple, there are two possible options[3]. From an ontologically reductionist perspective, every object is just a set of properties, lacking additional facts to identify it. The anti-reductionist position holds that in addition to an object's properties, there is another characteristic, known as *haecceitas* or haecceity, which serves to characterize and identify its existence, irrespective of its properties.

Haecceity was a concept introduced by Duns Scotus to answer the question of how entities can be identified. Modern (and imperfect) versions of identity are

costosissimi lapislazzuli), la qualità della realizzazione, la bellezza complessiva e la difficoltà di realizzazione. La proporzione e la determinazione di questi fattori non era univocamente determinabile, ma si reputava che avessero tutti un ruolo nel conferire a un certo oggetto un determinato valore. La valutazione del valore non era molto diversa da quella che ci aspetteremmo, per esempio, da un gioielliere.

A seguito della sacralizzazione della figura dell'artista, nella torsione laico-sacrale prodotta dal testo di Giorgio Vasari (1550), si è introdotto, inutile qui dilungarsi sul tema, un aspetto ulteriore che consiste nella relazione intima tra un'opera d'arte e il suo artefice che si è popolarizzata nella nozione di originale. Infatti, l'originale viene considerato dotato di una qualità invisibile che, anche a prescindere dalle caratteristiche materiali di un oggetto, gli conferirebbe un valore ulteriore ben monetizzabile. È significativo vedere lo sforzo che mercanti d'arte e storici hanno sempre fatto per giustificare il valore dell'originale adducendo qualche proprietà incopiabile, mentre al di là del problema contingente di riprodurre qualche pennellata nel giusto modo, è evidente a tutti che in molte forme artistiche la riproducibilità perfetta è ottenibile come nella scultura, non è applicabile come nella musica o non è un elemento costitutivo del mezzo come nelle opere digitali[1].

In tempi recenti, sappiamo che il problema della copia e dell'aura è diventato uno dei temi preferiti della riflessione artistica. Se la tecnologia della riproducibilità aveva già messo in tensione il concetto di opera d'arte e di originale, gli ultimi anni, grazie allo sviluppo del digitale e degli NFT hanno portato la discussione a un vero e proprio punto di singolarità, ovvero un luogo dove i concetti classici perdono di significato ed è richiesto un esercizio di intuizione per poter dare al linguaggio un nuovo equilibrio.

Tralasciando considerazioni e immancabili riferimenti, vorrei giungere rapidamente al nocciolo della questione: l'ontologia di base del mondo occidentale che è basata sull'esistenza di individui con le loro proprietà (in senso metafisico e non ontologico). La domanda di fondo è se un certo individuo (o entità) sia qualcosa di più della somma delle sue proprietà, domanda che è stata declinata innumerevoli volte e che dovrebbe permettere di rispondere alla domanda fondamentale sull'identità tanto delle cose (e quindi delle opere d'arte) quanto delle persone (e quindi degli artisti nonché dei fruitori).

Poniamo la domanda nei suoi termini generali in relazione a un'opera d'arte tradizionale costituita da un oggetto materiale rifacendoci all'analisi di Arthur Danto[2].

the unique characteristics that define an individual, such as their ID, tax code, proper name (at least in Saul Kripke's interpretation), or serial number. These and many similar solutions should solve the problem of identification. When industrial processes began producing virtually identical objects, the serial number was introduced to distinguish them. Industrial standardization had guaranteed the perfect similarity of goods, so it became essential to reintroduce their distinguishability.

For example, despite losing pieces and undergoing renovations, the Flavian Amphitheater remains the same. Plutarch was the first to present the paradox of the Ship of Theseus: if every piece or all properties of an object are changed, does it remain the same object, or would its identity be different? The paradox has gained popularity in pop culture thanks to its inclusion in some television shows. It was addressed in the popular Marvel series *WandaVision* (2021), directed by Matt Shakman, and in the first episode of the eighth season of *Doctor Who* (BBC, 1971), *Terror of the Autons*. This issue is crucial in the works of the art field. Even more so today, when the works of art are digital.

If we accept ontological reductionism, every object could be characterized and reduced to physical properties like material, form, and physical processes within its structure. Each of these properties would be reproducible in principle and net of practical-technological difficulties, because it is manifest. In this sense, despite the opinions of art dealers and collectors, there would be no difference between the original and the copy. On the contrary, if we adopt a reductionist ontology where an object is merely a bundle of its properties, it would become impossible to prevent and differentiate the duplicate from the original. The concepts of individuation and existence would only be considered formal and nominalistic. The choice is difficult and currently, there is no final solution.

Returning to the initial question of identifying value in a work of art, the question is whether it is linked to the reproducible properties or the irreproducible and unique essence, known as "haecceity". The latter is metaphysically elusive and invisible. Clearly, different answers to this question will result in distinct options for financial instruments.

Thanks to the development of technologies such as blockchain, we have seen an increase in technological solutions implementing mechanisms similar to Duns Scotus' haecceity[4]. The most well-known example is cryptocurrencies. They derive their value solely from an identification mechanism rather than any visible property:

Semplificando ci sono due opzioni possibili[3]. Secondo la prima, una prospettiva ontologicamente riduzionista, ogni oggetto è solo un insieme di proprietà. Non c'è un fatto aggiuntivo che lo identifichi. La seconda opzione, di stampo anti-riduzionista, reputa che oltre alle proprietà esista una caratteristica addizionale, l'*haecceitas* o ecceità, che ne caratterizza e ne individua l'esistenza a prescindere dalle proprietà. L'ecceità era stata introdotta da Duns Scoto per rispondere alla domanda circa l'individuazione degli enti. Versioni moderne (e imperfette) dell'ecceità sono l'ID che caratterizza una persona, il codice fiscale, il nome proprio (almeno nell'interpretazione di Saul Kripke), il numero di serie di oggetti e molte soluzioni analoghe che dovrebbero servire a risolvere il problema dell'individuazione. Pensiamo all'introduzione del numero di serie che si è resa necessaria proprio nel momento in cui i processi industriali hanno iniziato a produrre oggetti virtualmente identici e quindi indistinguibili: quando la standardizzazione industriale ha garantito la perfetta somiglianza dei beni si è reso indispensabile reintrodurre la loro distinguibilità.

Per esempio, l'Anfiteatro Flavio può perdere dei pezzi e subire numerosi rimaneggiamenti, ma rimane l'Anfiteatro Flavio. È il paradosso della nave di Teseo presentato per la prima volta da Plutarco: se cambiassimo tutti i pezzi (o tutte le proprietà) di cui è fatto un determinato oggetto, avremo sempre lo stesso oggetto o la sua identità cambierebbe? Il paradosso è stato reso popolare anche nella cultura pop grazie a qualche incursione televisiva: sia nella popolare serie televisiva *WandaVision* (Marvel, 2021) diretta da Matt Shakman che nell'episodio *Terror of the Autons*, primo dell'ottava serie del *Doctor Who* (BBC, 1971). Il problema è cruciale nel campo dell'opera d'arte, a maggior ragione oggi che l'opera d'arte è digitale.

Se si accettasse il riduzionismo ontologico, ogni oggetto sarebbe caratterizzato da – ma anche ridotto a – una serie di proprietà fisiche come il materiale, la forma, i processi fisici che sono rimasti incorporati nella sua struttura, etc. etc. Ognuna di queste proprietà, in virtù del suo essere manifesta, sarebbe, in linea di principio e al netto di difficoltà pratico-tecnologiche, riproducibile. In questo senso, con buona pace di mercanti d'arte e collezionisti, non vi sarebbe alcuna differenza tra l'originale e la copia. Al contrario, se si abbracciasse un'ontologia riduzionista, ovvero un'ontologia secondo cui un oggetto è semplicemente l'insieme (il *bundle*) delle sue proprietà, non vi sarebbe alcun modo di prevenire e distinguere tra una copia e l'originale. L'individuazione e l'esistenza non sarebbero altro che fatti formali e nominalistici. La scelta non è facile e non ha avuto, finora, una soluzione definitiva.

essentially, each bitcoin functions as a self-referential identity mechanism. Cryptocurrencies are colorless and sizeless. They function as a mechanism that assigns digital haecceity to their owner, which is valid solely for its existence and traceability. In a way, cryptocurrencies are a digital implementation of pure uniqueness without any visible ownership associated.

The introduction of NFTs at the level of digital transactions can be projected as digital, spendable, and transferable haecceity associated with works of art. Obviously, these concepts come from very different contexts – metaphysical philosophy on the one hand and blockchain technology on the other. Still, the similarities are important: uniqueness (irreproducibility), individuality (or identity), and transferability.

In Duns Scotus' terms, haecceity refers to what makes an entity singularly itself, its unique and unrepeatable identity. Similarly, an NFT represents a unique digital entity that cannot be replicated or replaced. Every NFT has a unique identifier that is stored in a blockchain, and make it distinguishable.

Likewise, both haecceity and NFTs focus on specific individuality and identity. In the case of NFTs, this refers to a digital identity tied to ownership of a digital object or artwork. In the case of haecceity, it is an ontological characteristic that provides an entity with its unique identity.

Finally, both notions share irreproducibility. In reality, an entity's haecceity is unrepeatable and unique, while an NFT representing a digital artwork may be visually indistinguishable from non-tokenized duplicates of the same work. However, as an entity recorded on the blockchain, the NFT remains unique and, therefore, non-reproducible. There cannot be two identical NFTs, just as there cannot be two identical bitcoins or identical haecceities. It's a metaphysical impossibility, almost transcendental, that has turned into a technological impossibility. Irreproducibility guarantees – in fact, it is a prerequisite for – the transferability of ownership.

Haecceity concerns the ontological essence, whereas NFTs signify ownership and uniqueness in the digital realm. Both are related to the identification of identity. Returning to the initial question, we may wonder what value is about and see how value is increasingly linked to identity, partially due to the properties of reproducibility and irreproducibility of identity. After all, it is the same exchange of value that we see with money and currencies. If a coin's value was originally determined by the material it was made of, such as gold or silver, later on, this value was represented nominally by paper money with a serial number. Nowadays with

Tornando al punto di partenza, ovvero la domanda sull'individuazione del valore nell'opera d'arte, non ci si può che porre la domanda se sia legato alle proprietà (riproducibili) o all'ecceità (irriproducibile e unica, ma metafisicamente esoterica e invisibile). È chiaro che risposte diverse a questa domanda si tradurranno in opzioni ben distinte per quanto riguarda la creazione di strumenti finanziari.

In tempi recenti si è visto il fiorire, grazie all'implementazione di tecnologie quali la blockchain, di soluzioni tecnologiche che, di fatto, realizzano tecnologicamente dei meccanismi simile all'ecceità di Duns Scoto[4]. Le criptovalute sono il caso più celebre e il loro valore non è legato ad alcuna proprietà visibile, ma solo ed esclusivamente a un meccanismo di individuazione fine a se stesso: ogni Bitcoin è sostanzialmente solo un meccanismo di identità autoreferenziale. Le criptovalute non hanno colore o dimensione, ma sono solo un meccanismo in grado di attribuire al loro proprietario una ecceità digitale che vale per il semplice fatto di esistere e di essere (rin)tracciabile. In un certo senso, le criptovalute sono una sorta di implementazione digitale di pure ecceità alle quali non si associa alcuna proprietà visibile.

Si può proiettare l'introduzione degli NFT sul piano delle transazioni digitali come una sorta di ecceità digitale, spendibile e trasferibile associata alle opere d'arte. Ovviamente si tratta di concetti provenienti da contesti molto diversi – filosofia metafisica da un lato e tecnologia blockchain dall'altro – ma le analogie sono importanti: unicità (irriproducibilità), individualità (o identità), trasferibilità.

Come abbiamo visto, l'ecceità nel pensiero di Duns Scoto si riferisce a ciò che rende un ente singolarmente se stesso, la sua identità unica e irripetibile. Analogamente, un NFT rappresenta un'entità digitale unica che non può essere replicata o sostituita. Ogni NFT ha un identificativo unico registrato su una blockchain, che lo rende distintivo.

Parimenti, sia l'ecceità che gli NFT si concentrano sull'individualità e identità specifica. Nel caso degli NFT, questa identità è digitale e legata alla proprietà di un oggetto o opera d'arte digitale. Nel caso dell'ecceità, si tratta di una caratteristica ontologica che conferisce a un ente la sua specificità.

Infine l'irriproducibilità è comune a entrambe le nozioni. Infatti da un lato l'ecceità di un ente è irripetibile e unica; dall'altro, un NFT, che rappresenta un'opera d'arte digitale, può essere visivamente identico a copie non tokenizzate dello stesso lavoro. Tuttavia, l'NFT stesso, come entità registrata sulla blockchain, rimane unico e quindi

the rise of cryptocurrencies and electronic credit, coins have become completely digital and dematerialized. As far as artworks are concerned, their nominal value is getting less linked to physical or digital properties to get more co-extensive with mere traceability. The link between digital haecceity and related artwork is the real issue. This could be a potential weakness for NFTs, where the value of the chain (guaranteed by blockchains in cryptocurrencies) may break. As with cryptocurrencies, each bitcoin is numerically different inside the same blockchain but belongs to the same category. However, when it comes to NFTs, the formal attribution of a specific NFT to a work of art external to the NFT itself remains weak and, all things considered, conventional in the sense of an ascribed but not intrinsic attribution. The domain that Maurizio Ferraris has recently defined as "documediality" or the "intersection between the growth of documentality, the production of documents as a constitutive element of social and media reality" is growing[5]. In his interpretation, the documents establish a weak connection between NFTs and works of art within the context of a reality represented and, at the same time, certified in documents.

Metaphysically, the link between NFTs and the corresponding works of art exists inside external relations, not internal or intrinsic ones[6]. External relations do not change the nature of what is brought into relation, whereas the internal ones are essential for constituting its identity. In the case of NFTs, these are clearly external relations. NFTs do not contain the actual work of art that they represent. NFTs may contain links to resources or provide access to certain resources, but are not defined by them. It's like purchasing a certificate of ownership for a piece of land on the moon. Humans can form relationships with property, but the moon is indifferent to such connections.

What is, then, the value of NFTs? Certainly not in the NFT itself, also because certain properties cannot be included in NFT due to their haecceity digital nature. The value of NFTs can only be determined by the participation of the aura surrounding them. However, since NFTs are similar to cryptocurrencies, their value cannot be intrinsic; rather, it depends on the network of relationships in which the NFT is situated within the cultural and artistic landscape, as stipulated. It is not an intrinsic value but rather a means of intercepting a network of external and extrinsic values.

In conclusion, the emergence of NFTs in the digital art landscape and their association with the notion of *haecceitas* raise fundamental questions regarding

non riproducibile. Non possono esserci due NFT identici così come non possono esservi due Bitcoin identici, ma nemmeno due ecceità identiche: una impossibilità metafisica (oserei direi trascendentale) è diventata una impossibilità tecnologica. L'irriproducibilità garantisce anche la trasferibilità (anzi ne è la precondizione) della proprietà.

Ovviamente l'ecceità riguarda l'essenza ontologica, mentre gli NFT sono incentrati sulla proprietà e l'unicità nel contesto digitale, ma entrambi hanno a che fare con l'individuazione dell'identità. Ritornando alla domanda iniziale: che cosa è il valore? A questo punto si vede come, in parte in conseguenza della riproducibilità delle proprietà e dell'irriproducibilità dell'identità, il valore sia stato progressivamente ricondotto a quest'ultima. D'altronde è lo stesso trasferimento di valore che si è visto nel campo del denaro e delle valute. Se in origine il valore di una moneta era collocato nelle proprietà del mezzo (oro o argento), è stato in seguito trasferito alla nominalità del mezzo (carta moneta con numero di serie) fino alla sua completa smaterializzazione digitale (criptovalute o credito elettronico). Anche nel caso dell'opera d'arte, il valore nominale diventa sempre meno legato alle sue proprietà fisiche o digitali e sempre di più coestensivo con la mera rintracciabilità. La vera domanda, a questo punto, consiste nel legame tra una ecceità digitale e l'opera d'arte cui si riferisce. E questo potrebbe essere il punto debole degli NFT e il punto dove la catena del valore, garantita dalle blockchain nel caso delle criptovalute, si spezza. Infatti nel caso delle criptovalute, all'interno della medesima blockchain, ogni Bitcoin è diverso numericamente ma identico come tipo. Nel caso degli NFT invece l'attribuzione formale di un determinato NFT a un'opera d'arte esterna all'NFT stesso rimane debole e, tutto sommato, convenzionale nel senso di una attribuzione ascritta ma non intrinseca. Si tratta di un accrescimento di quel dominio che Maurizio Ferraris ha recentemente definito la "documedialità" ovvero l'"intersezione tra la crescita della documentalità, la produzione di documenti in quanto elemento costitutivo della realtà sociale, e quella della medialità"[5]. Nella sua interpretazione, i documenti stabilirebbero quella connessione debole tra NFT e opere d'arte nel contesto di una realtà rappresentata, ma al tempo stesso certificata in documenti.

Metafisicamente il legame tra gli NFT e le corrispondenti opere d'arte rientra nelle relazioni esterne e non in quelle interne o intrinseche[6]. Le relazioni esterne sono quelle che non cambiano la natura di ciò che è posto in relazione; mentre quelle interne sono tali da essere costitutive della sua identità. Nel caso dell'NFT

the nature and perception of value in art. By transferring the concept of uniqueness and individuality from the physical realm to the digital world, NFTs represent a modern form of *haecceitas* as unique and non-replicable digital units. On the other hand, their existence and the value attributed to them highlight a significant shift in our understanding of artistic value. We have moved from an inherent and material essence to a more abstract form of evaluation, anchored to technology and market dynamics.

NFTs present both challenges and opportunities for attributing digital identity and ownership and defining value in art. While Duns Scotus's notion of *haecceitas* emphasizes an entity's intrinsic uniqueness, NFTs highlight the importance of external relationships and collective perception in determining value. Differentiating between internal and external relationships in assigning value becomes crucial when analyzing these new tools.

NFTs have introduced a new medium into art and stimulated a profound rethinking of value, challenging both traditional and emerging views. Their impact on the world of art and culture shows how advanced technologies can redefine the creation, distribution, evaluation and appreciation of art. Therefore, NFTs are not simply a niche in the digital artworld but catalysts for broader reflection on the fundamental concepts of ownership, authenticity, and value in the digital age.

sono chiaramente relazioni esterne. L'NFT non è costituito dall'opera d'arte cui si riferisce. L'NFT è associato a essa anche se, in alcuni casi, può contenere collegamenti a risorse o prevedere l'accesso a determinate risorse, ma non è questo che lo costituisce. È un po' come comprare un certificato di proprietà per un pezzo di luna. Gli esseri umani possono stipulare questo legame di proprietà, ma la luna continua a non saperne nulla.

Dove si colloca il valore di un NFT quindi? Non certo nell'NFT in quanto tale anche perché la sua natura di ecceità digitale non può contenere alcuna proprietà. Il loro valore, quindi, non può che essere il frutto della partecipazione della aura che però, proprio per la natura degli NFT simile alle criptovalute, non può essere intrinseca, ma deve dipendere da quella rete di relazioni in cui, per stipulazione, l'NFT si colloca nel paesaggio culturale e artistico. Non si tratta quindi di un valore intrinseco, ma di un modo per intercettare una rete di valore a esso esterni oltre che estrinseci.

In conclusione, l'emergenza degli NFT nel panorama dell'arte digitale e la loro associazione con la nozione di *haecceitas* sollevano questioni fondamentali riguardo la natura e la percezione del valore nell'arte. Da un lato, gli NFT, come entità digitali uniche e non replicabili, rappresentano una forma moderna di *haecceitas*, trasferendo il concetto di unicità e individualità dall'ambito fisico a quello digitale. Dall'altro lato, la loro esistenza e il valore ad essi attribuito evidenziano un cambiamento radicale nella nostra comprensione del valore artistico, spostandosi da un'essenza intrinseca e materiale a una forma di valutazione più astratta, ancorata nella tecnologia e nelle dinamiche di mercato.

L'NFT, in quanto meccanismo di attribuzione di identità e proprietà in un contesto digitale, pone sfide e opportunità per la definizione di valore nell'arte. Mentre la nozione di *haecceitas* di Duns Scoto enfatizza l'unicità intrinseca di un ente, gli NFT sottolineano l'importanza delle relazioni esterne e della percezione collettiva nel determinare il valore. La distinzione tra relazioni interne ed esterne nell'attribuzione di valore diventa cruciale nell'analisi di questi nuovi strumenti.

In definitiva, gli NFT non solo hanno introdotto un nuovo medium nell'arte, ma hanno anche stimolato un ripensamento profondo del concetto di valore, sfidando sia le visioni tradizionali che quelle emergenti. Il loro impatto sul mondo dell'arte e della cultura è un chiaro esempio di come le tecnologie avanzate possono ridefinire non solo i modi in cui l'arte viene creata e distribuita, ma anche come viene valutata e apprezzata. Gli NFT, quindi, non sono semplicemente un fenomeno di nicchia

Bibliography

Arthur C. Danto, "Artworks and real things", in *Theoria*, vol. 39, nn. 1-3, 1973, pp. 1-17

Arthur C. Danto, *Beyond the Brillo Box. The Visual Arts in Post-Historical Perspective*, University of California Press, Berkeley 1992

Maurizio Ferraris, *Documanità. Filosofia del mondo nuovo*, Laterza, Bari 2021

William James, "The Thing and Its Relations", in *The Journal of Philosophy*, vol. 2, 1905, pp. 29-41

David Lewis, "Extrinsic Properties", in *Philosophical Studies*, vol. 44, n. 2, 1983, pp. 197-200

Satoshi Nakamoto, "Bitcoin: A Peer-to-Peer Electronic Cash System", in *Decentralized Business Review*, August 2008

Hillel Schwartz, *Culture of the copy. Striking likenesses, unreasonable facsimiles*, MIT Press, Cambridge 2014

Peter M. Simons, *Parts. A Study in Ontology*, Clarendon Press, Oxford 1987

Giorgio Vasari, *Le vite de' più eccellenti architetti, pittori, et scultori italiani, da Cimabue insino a' tempi nostri*, Giunti, Firenze 1550

1. Hillel Schwartz, *Culture of the copy. Striking likenesses, unreasonable facsimiles*, MIT Press, Cambridge 2014

2. Arthur C. Danto, "Artworks and real things", in *Theoria*, vol. 39, nn. 1-3, 1973, pp. 1-17; Id., *Beyond the Brillo Box. The Visual Arts in Post-Historical Perspective*, University of California Press, Berkeley 1992

3. Peter M. Simons, *Parts. A Study in Ontology*, Clarendon Press, Oxford 1987

4. Satoshi Nakamoto, "Bitcoin: A Peer-to-Peer Electronic Cash System", in *Decentralized Business Review*, August 2008

5. Maurizio Ferraris, *Documanità. Filosofia del mondo nuovo*, Laterza, Bari 2021

6. William James, "The Thing and Its Relations", in *The Journal of Philosophy*, vol. 2, 1905, pp. 29-41; David Lewis, "Extrinsic Properties", in *Philosophical Studies*, vol. 44, n. 2, 1983, pp. 197-200

nel mondo dell'arte digitale, ma un catalizzatore per una riflessione più ampia sui concetti fondamentali di proprietà, autenticità e valore nell'era digitale.


Bibliografia

Arthur C. Danto, "Artworks and real things", in *Theoria*, vol. 39, nn. 1-3, 1973, pp. 1-17

Arthur C. Danto, *Beyond the Brillo Box. The Visual Arts in Post-Historical Perspective*, University of California Press, Berkeley 1992

Maurizio Ferraris, *Documanità. Filosofia del mondo nuovo*, Laterza, Bari 2021

William James, "The Thing and Its Relations", in *The Journal of Philosophy*, vol. 2, 1905, pp. 29-41

David Lewis, "Extrinsic Properties", in *Philosophical Studies*, vol. 44, n. 2, 1983, pp. 197-200

Satoshi Nakamoto, "Bitcoin: A Peer-to-Peer Electronic Cash System", in *Decentralized Business Review*, agosto 2008, p. 21260

Hillel Schwartz, *Culture of the copy. Striking likenesses, unreasonable facsimiles*, MIT Press, Cambridge 2014

Peter M. Simons, *Parts. A Study in Ontology*, Clarendon Press, Oxford 1987

Giorgio Vasari, *Le vite de' più eccellenti architetti, pittori, et scultori italiani, da Cimabue insino a' tempi nostri*, Giunti, Firenze 1550


1. Hillel Schwartz, *Culture of the copy. Striking likenesses, unreasonable facsimiles*, MIT Press, Cambridge 2014

2. Arthur C. Danto, "Artworks and real things", in *Theoria*, vol. 39, nn. 1-3, 1973, pp. 1-17; Id., *Beyond the Brillo Box. The Visual Arts in Post-Historical Perspective*, University of California Press, Berkeley 1992

3. Peter M. Simons, *Parts. A Study in Ontology*, Clarendon Press, Oxford 1987

4. Satoshi Nakamoto, "Bitcoin: A Peer-to-Peer Electronic Cash System", in *Decentralized Business Review*, agosto 2008, p. 21260

5. Maurizio Ferraris, *Documanità. Filosofia del mondo nuovo*, Laterza, Bari 2021

6. William James, "The Thing and Its Relations", in *The Journal of Philosophy*, vol. 2, 1905, pp. 29-41; David Lewis, "Extrinsic Properties", in *Philosophical Studies*, vol. 44, n. 2, 1983, pp. 197-200

*Camilla Balbi*

# NFT and Cultural Heritage. Notes for a cartography

In the field of environmental studies, Timothy Morton developed the concept of the hyperobject[1] in 2013. This concept has been used to describe the climate crisis for about ten years. Hyperobjects are complex, vast, and distributed entities that surpass human capacity for intuitive understanding. They are playing an increasingly critical role in characterizing the epistemological conditions of the Anthropocene.

When studying Non-Fungible Tokens (NFTs), art historians and heritage scholars encounter a similar alien, elusive, complex, and dislocated object. A dual soul inhabits NFTs: the anarchism of hacker culture, which challenges classist inertia of the artworld, and a taste for scarcity and financial speculation, which has always been part of the artistic realm. They seem to have imposed themselves on the scholar one auction record at a time. Due to intellectual snobbery or computer illiteracy, it seemed initially possible to shield the discipline from digital capitalism's conquests such as cryptocurrencies, blockchains, bitcoins, PoW, hashes, etc. However, when on March 11, 2021, Beeple's *EVERYDAYS* began with an auction price of $100, and eventually reached third place among the highest-priced artworks sold by a living artist, finally selling for a whopping $69 million, it became clear that the art industry and the scientific community could no longer ignore the phenomenon.

Research on NFTs, however, proves to be complex due to the object's peculiarity and instability. On the one hand, understanding cultural and artistic phenomena requires a constantly evolving combination of technological, economic, and cultural factors. This challenges scholars in humanistic disciplines to integrate new skills with their traditional ones. On the other hand, NFTs have had a tumultuous trajectory akin to that of a comet. Hailed as the "next big thing" until a few years ago, their market has been in an unprecedented crisis for at least a year (*Dappgambl* estimated that the market of July 2023 constitutes just 3% of that of August 2021, with 69,795 collected out of 73,257 – 95% of the total – with the market cap of 0 Ether, i.e. zero)[2]. A bibliographical review of the studies dedicated to NFTs in the art and heritage sector raises the question of whether, in 2024, it would be a task

*Camilla Balbi*

# NFT e patrimonio culturale, appunti per una cartografia

Negli *environmental studies*, da circa dieci anni per parlare della crisi climatica si ricorre al concetto, elaborato da Timothy Morton nel 2013, di *hyperobject*[1]. Entità complesse, vaste e distribuite, che eccedono le normali capacità di comprensione intuitiva umana, gli iperoggetti sembrano occupare un ruolo sempre più critico nel caratterizzare le condizioni epistemologiche dell'antropocene.

Qualcosa di simile (un oggetto alieno, sfuggente, bizzarro, dislocato e complesso) si presenta allo storico dell'arte e allo studioso del patrimonio che intendano affrontare seriamente lo studio dei Non-Fungible Token (NFT). Abitati da una duplice anima – l'anarchismo della cultura hacker che sfida l'immobilismo classista del mondo dell'arte, e un gusto per la scarsità e la speculazione finanziaria che sono a quest'ultimo invece da sempre familiari – gli NFT sembrano essersi *imposti* allo studioso un record d'asta alla volta. Se inizialmente sembrava possibile mantenere, per snobismo intellettuale o analfabetismo informatico, la disciplina al riparo dalle ultime conquiste del tardo capitalismo digitale – le crypto, le blockchain, i Bitcoin, PoW, hash, etc. – quando l'11 marzo 2021 *EVERYDAYS* di Beeple, partendo da una base d'asta di 100 dollari, ha raggiunto il terzo posto tra le opere d'arte mai vendute di un artista vivente (battuto a 69 milioni di dollari) è apparso chiaro che il sistema dell'arte – e sicuramente l'accademia – non potevano più far finta di niente.

La ricerca sugli NFT, tuttavia, si rivela di estrema complessità in ragione della peculiarità e dell'intima instabilità dell'oggetto di studio. Da un lato, i fattori tecnologici, economici e culturali necessari a comprendere il fenomeno a trecentosessanta gradi sono in continua evoluzione, e poco familiari allo studioso di discipline umanistiche, imponendo un'integrazione radicale delle competenze tradizionalmente richieste a chi si occupa di fenomeni artistici e culturali. Dall'altro, la parabola degli NFT è stata turbolenta come una cometa. Accolti come *next big thing* fino a pochissimi anni fa, il loro mercato attraversa, da almeno un anno, una crisi di dimensioni inaudite (*Dappgambl* ha stimato che il mercato del luglio del 2023 costituisce appena il 3% di quello dell'agosto del 2021, con 69.795 raccolte su 73.257 – il 95 % del totale – dal

akin to Minerva's owl, signifying a micro-era in the fast-paced world of capitalism, or a form of functional archaeology that could aid in the future development of this instrument, which still may not have fully exhausted its potential in creating works of art.

What are the reasons for proposing a literature review here? This operation is a response – for the first time in Italy – to the need for systematization and critical examination of the quick and strange season of studies that has just passed. It also aims to partially fill a historiographical gap. In this season, the "humanities" have attempted to approach a radically singular and elusive object, far from the usual categories and practices, from various perspectives, seeking possibilities, critical issues, and paradigms. The goal of this bibliography is not, therefore, to provide a balance of NFTs per se (we leave that to the future) but rather a critical tool for the discipline itself by mapping out the ways in which NFTs have entered into discussions related to Cultural Heritage – a traditionally conservative sector unrelated to the financial speculation that seems to have predominantly driven the Non-Fungible Token enthusiasts. The proposed mapping is not only addressed to the NFT object but also to the questions, practices, and methodologies it triggers within artistic and cultural studies.

This research delves into the concept of "heritage" in its broadest sense, taking into account the close intertwining of institutions whose public and objectives are often aligned. This includes the GLAM sector (galleries, libraries, archives, and museums) and intangible and cultural heritage. In the same way, it was not possible to disregard the theoretical studies that approach the phenomenon from a less practical and more formal angle (i.e. aesthetical, critical, historical, and artistic considerations, and the evaluation of the ethical, practical, and theoretical issues associated with Non-Fungible Tokens' hype).

The reconstructed corpus is comprehensive and covers a wide range of time and geography. It spans from 2018 – when the publication of the *ERC-721: Non-Fungible Token Standard* defined the first standard for the creation, ownership, and trade of Non-Fungible Tokens on Ethereum – to 2024[3]. Since the phenomenon of NFTs is virtual and transnational, an attempt has been made to provide an account of the current global scenario. This account draws attention to the most recognized academic and institutional realities at international level and to the Italian panorama. Additionally, it highlights more militant or peripheral perspectives that are crucial to the decolonial and decentralized perspective that NFTs seem, in some ways, to legitimize.

*market cap* di 0 Ether, cioè nullo)[2]. Al punto che viene da chiedersi se una ricognizione bibliografica degli studi dedicati agli NFT nel settore dell'arte e del patrimonio, nel 2024, non sia un lavoro da "nottola di Minerva", spiegazione di una micro-era nel tempo accelerato del capitalismo, o un'archeologia funzionale agli sviluppi futuri di uno strumento che, in effetti, potrebbe non aver esaurito le sue potenzialità nella creazione di opere d'arte.

Quali, dunque, le ragioni della ricognizione bibliografica qui proposta? Si tratta di un'operazione che risponde senz'altro, in parte, a un vuoto storiografico, e alla necessità di "mettere a sistema", e ritornare criticamente – per la prima volta in lingua italiana – sulla strana e rapida stagione di studi appena trascorsa. Una stagione in cui le *humanities* hanno provato ad accostare da una varietà di prospettive – che si è tentato di delineare e ripercorrere – un oggetto radicalmente singolare, sfuggente, vicino a categorie e pratiche lontane da quelle abituali, ricercandone possibilità, criticità, paradigmi. Quello che si è ritenuto importante fornire, con questa bibliografia, non è dunque un bilancio degli NFT in sé (su cui, ai posteri...), ma piuttosto uno strumento critico per la disciplina stessa, una cartografia delle modalità con cui gli NFT sono entrati nei discorsi riguardanti il patrimonio culturale – un settore tradizionalmente conservativo, ed estraneo alla speculazione finanziaria che sembra aver prevalentemente guidato gli entusiasti dei Non-Fungible Token. L'interesse della mappatura proposta non è dunque, tanto o soltanto, rivolta all'oggetto-NFT, ma alle domande, alle pratiche, e alle metodologie da questo innescate in seno agli studi artistici e culturali.

La ricerca prende in esame l'ambito del "patrimonio" considerandolo nell'accezione più ampia possibile, muovendo dalla consapevolezza della profonda interdipendenza di istituzioni il cui pubblico, e i cui obiettivi, sono spesso allineati (è il caso del cosiddetto "settore GLAM", ma anche del patrimonio immateriale e latamente culturale). Allo stesso modo, è parso impossibile escludere dall'analisi quegli studi di carattere più teorico, che individuano il fenomeno in termini meno operativi ma più formali (le riflessioni estetiche, critiche e storicoartistiche, nonché le analisi delle problematiche etiche, pratiche e teoriche associate al *boom* dei Non-Fungible token).

Il corpus ricostruito può vantare una certa esaustività dal punto di vista sia cronologico (spazia dal 2018, quando la pubblicazione di *ERC-721: Non-Fungible Token Standard* definisce il primo standard per la creazione, la proprietà e il commercio di token non fungibili su Ethereum, al 2024)[3], sia geografico. Si è infatti

On the other hand, in some cases, it was necessary to draw rigid boundaries within the fields to maintain the research's focus.

Academic and peer-reviewed studies were favoured over non-scientific publications, although the latter were given space in the "critical" section. The difference between the two sets is not only quantitative but also qualitative. Although non-specialist magazines have paid much attention to the "NFT phenomenon" in recent years, their articles have mostly focused on sensationalism and market trends. On the other hand, scientific publications – whose number is small compared to the popularity of the phenomenon – have been more cautious in their approach, analyzing the current and potential applications of NFTs, as well as the various related issues and characteristics, such as aesthetic, economic, political, and social factors.

At the same time, studies dedicated to the delicate analysis of NFTs from a legal perspective were excluded. This field is highly specialized, rapidly evolving, and geographically fragmented, referring to the legal systems of individual countries. While the legal aspects of copyright and authorship related to NFTs are critical and fascinating, these issues need to be examined separately, in a different context from the one in which this research is situated.

Although it may be considered overly ambitious and perhaps out of place for cartography to speak of "results", the picture that emerges is of a breathtaking and vibrant landscape. Pioneering attempts, uncertain steps, are being taken to approach the object of study from different directions and push along unexplored trajectories in a terrain that is inherently difficult to decipher.

Thus, studies that analyze the phenomenon from the point of view of the creative industries, such as those by Jun Chan and Danny Friedmann[4], have recognized NFTs as an important tool for new generations of artists. They have observed that NFTs can contribute significantly to the authentication of works and transactions without traditional institutional intermediaries, respecting intellectual property. On the other hand, the more economic-sociological bibliography on the world and the market of art warns against sudden caesuras with apocalyptic or messianic tones, and highlights how the NFT market does not differ structurally from that of "traditional" art. Giovanni Colavizza[5] stated that the NFT market is centralized and controlled by the preferential connections between artists and collectors, despite promoting democratization and theoretically supporting a diverse group of artists and collectors[6]. Anne-Sophie Radermecker and Victor Ginsburgh's studies on

tentato di rendere conto dello scenario attuale in senso globale - trattandosi di un fenomeno eminentemente virtuale e transnazionale -, portando l'attenzione al contempo sulle realtà accademiche e istituzionali maggiormente riconosciute a livello internazionale, sul panorama italiano, e su realtà più militanti o periferiche, ma decisive nella prospettiva decoloniale e decentralizzata che gli NFT sembrano, per certi versi, legittimare.

Viceversa, in altri casi è stato opportuno imporre delle delimitazioni di campo piuttosto - a volte artificiosamente - rigide, per mantenere il fuoco della ricerca.

Si è scelto, ad esempio, di preferire gli studi accademici e *peer reviewed* alle pubblicazioni non scientifiche (a cui è stato dato uno spazio nella sezione "critica"). La differenza tra i due insiemi è infatti non soltanto quantitativa, ma soprattutto qualitativa. Se le riviste non specialistiche hanno dedicato, negli ultimi anni, grande attenzione al "fenomeno NFT", in articoli per lo più cronachistici, orientati al sensazionalismo o al mercato, le pubblicazioni scientifiche - per quanto in numero esiguo rispetto alla popolarità del fenomeno - si sono dimostrate più caute, soppesando applicazioni attuali, potenziali, problematiche e caratteristiche estetiche, economiche, politiche e sociali.

Al contempo, sono stati esclusi dalla selezione anche gli studi dedicati alla, delicatissima, analisi degli NFT da una prospettiva giuridica. Si tratta di un campo altamente specializzato, riferito ai sistemi legislativi dei singoli paesi e dunque geograficamente frammentato, e in rapidissima evoluzione. Per quanto la prospettiva giuridica sui problemi di *copyright* e autorialità connessi agli NFT sia di estremo interesse e cruciale importanza, questi temi meritano una riflessione a sé stante, in una sede diversa da quella in cui si colloca questa ricerca.

Nonostante, per una cartografia, sia eccessivamente ambizioso, e forse fuori luogo, parlare di "risultati", quello che è emerso è la straordinaria fotografia di un panorama metamorfico e brulicante. Tentativi pionieristici, passi incerti in un terreno - costitutivamente - poco decifrabile, che da un lato avvicinano l'oggetto di studio da una molteplicità di direzioni differenti, e dall'altro vengono da questo sospinti lungo traiettorie ancora inesplorate.

Così, gli studi che analizzano il fenomeno dal punto di vista delle industrie creative, come quelli di Jun Chan e Danny Friedmann[4], hanno riconosciuto negli NFT uno strumento importante per le nuove generazioni di artisti - osservando come questi possano fornire un contributo decisivo nell'autenticazione delle

producers, intermediaries and consumers of the "analog" artworld go in the same direction, suggesting that NFTs ultimately limit themselves to reinforcing existing dynamics and behaviors[7].

On the one hand, the capitalist economic structure within which NFTs have found space and success suggests that in the post-NFT Artworld, "everything has changed so that nothing changes". On the other hand, perspectives that focus on cultural heritage more narrowly, favoring qualitative analysis of individual case studies have highlighted the wide range of applications of NFTs in the world of cultural heritage when viewed as a whole. By abandoning speculative prejudices, the reader can discover "tokenization" projects of the intangible heritage. These projects aim to emancipate and safeguard non-Western material cultures that are at risk of disappearing. Examples of such projects include *Quantum Temple and Digital Twins*[8]. Additionally, "digital restitution" projects focus on post-colonial countries, as analyzed by Liz Feld[9]. Other projects include the diversification and digitization of tourist flows, and new forms of archiving, authentication, and protection of *street art (SA-NFT)*, as studied by Eynat Mendelson-Shwartz[10].

When the focus shifts to the, in many ways, contiguous field of Museum Studies, the academic gaze on NFTs takes on even new connotations. On the one hand, technology's potential in the museum sector is significant. NFTs, for instance, may help verify the provenance and authorship of artworks. They can also facilitate lending, curation, and digital rights management. Furthermore, they can be useful in fundraising, development, and audience engagement[11]. Conversely, sector research, particularly the works of Nolin *et al.* and Zhao[12], focuses on developing strategic planning tools and decision-making matrices for incorporating NFTs at various levels in museum institutions. Among the aspects to be evaluated are the environmental impact of NFTs, the technological preparation of museums, the legal framework of reference and market dynamics. New challenges have arisen in the background of these practices, including conservative issues that Nogueira *et al.*[13] have raised. They question how NFTs should be preserved to ensure their long-term survival and what should be preserved – the minted work or the blockchain.

As mentioned, the final section of the mapping deals with questions of a more theoretical nature, framing the phenomenon from a philosophical and art-historical perspective and reflecting critically on its characteristics and limitations. Among these are the environmental impact – which leads Catherine Flick to the conclusion that "there is currently no ethical way to implement NFTs"[14] –, the appeal of NFT

opere, nel rispetto della proprietà intellettuale, e in transazioni prive dei tradizionali intermediari istituzionali. D'altro canto, la bibliografia di taglio più economico-sociologico sul mondo e il mercato dell'arte mette in guardia da brusche cesure, dai toni apocalittici o messianici, osservando come il mercato degli NFT non differisca strutturalmente da quello dell'arte "tradizionale". Come osserva Giovanni Colavizza[5], a dispetto dei proclami di democratizzazione[6] – e della possibilità teorica di sostenere un insieme più ampio e diversificato di artisti e collezionisti –, il mercato degli NFT si presenta come altamente concentrato, e dominato da legami preferenziali artista-collezionista. Nella stessa direzione, gli studi condotti da Anne-Sophie Radermecker e Victor Ginsburgh sui produttori, gli intermediari e i consumatori del mondo dell'arte "analogico" suggeriscono che gli NFT si limitino, in fondo, a rafforzare le dinamiche e i comportamenti esistenti[7].

Da un lato, dunque, la struttura economica capitalistica all'interno della quale gli NFT hanno trovato spazio e successo suggerisce malinconicamente che nell'artworld post-NFT "tutto è cambiato perché nulla cambi". Dall'altro, prospettive più interessate al Cultural Heritage in senso stretto, prediligendo l'analisi qualitativa di singoli *case studies*, hanno restituito, una volta considerati collettivamente, l'idea dell'estrema varietà di applicazioni degli NFT al mondo del patrimonio culturale. Così – abbandonando il pregiudizio speculativo assunto, spesso a torto, di *default* – il lettore scoprirà progetti di tokenizzazione del patrimonio immateriale nati con l'obiettivo di emancipare e salvaguardare culture materiali non occidentali in via di sparizione (*Quantum Temple, Digital Twins*)[8], progetti di "digital restitution" verso paesi post-coloniali, come quelli analizzati da Liz Feld[9], di diversificazione e digitalizzazione dei flussi turistici, o ancora, negli studi di Eynat Mendelson-Shwartz[10], nuove forme di archiviazione, autenticazione e tutela della street art (*SA-NFT*).

Quando il fuoco si sposta all'ambito, per molti versi contiguo, dei *Museum studies*, lo sguardo accademico sugli NFT assume connotazioni ancora nuove. Se, da un lato, si prende atto del grande potenziale della tecnologia nel settore museale – gli NFT favorirebbero la verifica della provenienza delle opere, della paternità; faciliterebbero il prestito, la curatela, e la gestione dei diritti digitali, oltre a rivelarsi promettenti in ambiti come il *fundraising*, lo sviluppo e l'*engagement* del pubblico[11]. Dall'altro, la ricerca di settore – si vedano in particolare i lavori di Nolin *et al.* e Zhao[12] – sembra piuttosto concentrarsi sull'elaborazione di strumenti di pianificazione strategica e matrici decisionali per l'inserimento, a diversi livelli, degli NFT nelle istituzioni museali. Tra gli aspetti da valutare, l'impatto ambientale degli NFT, la preparazione

technology for crime (Mosna and Soana speak in this regard of the "virtual yet concrete art of money laundering")[15] and its replication of racist biases[16], as highlighted by Jeremy Nguyen. In philosophy, there are various studies that examine the aesthetics of NFT artworks. Some of these studies reflect on the aesthetic perception of the public, the relationship between visual elements and prices, and the dominant aesthetics in NFT artworks[17]. Other studies, such as those by Avital and Dolanska[18], and Agata Mergler[19], attempt to provide twentieth-century coordinates to the phenomenon. They interpret it in the light of authors such as Walter Benjamin or Nelson Goodman. In art historiography NFTs have genealogical paths that vary widely. According to Tom Jeffreys[20], they go back to Land Art, while David Joselit[21] associates them with Ready Made. Ito Kensuke[22] links NFTs to conceptualism, and Cesar Santalo et al.[23] analyze their connection to Bauhaus. There are a range of influences that lead to promising research directions. For example, Jaeun Cabelle Ahn examines Frank Stella's NFTs and explores the interferences between NFTs and the practice of "historicized" artists who experiment with the new medium[24]. Similarly, John Ippolito discusses the shifts in meaning produced by translating "analog" art into the Metaverse[25].

Here, the NFT object (hyper?) is multiplied within the hall of mirrors of humanistic research. A laboratory of gazes and perspectives that further complicates the analysis, and radically resists unambiguous representation and judgment. As every map aims to represent its object accurately, the following bibliography reconstructs and reimagines the object it intends to represent, projecting onto it its own resistances, utopias and possibilities. It is a story that also deserves to be told.

tecnologica dei musei, il quadro giuridico di riferimento e le dinamiche del mercato. A fare da sfondo a queste pratiche, nuovi problemi sembrano emergere, come quelli conservativi, su cui si interrogano Nogueira *et al.*[13]: come archiviare gli NFT per garantirne la sopravvivenza a lungo termine? O cosa preservare, l'opera *minted* o la blockchain?

L'ultima sezione della mappatura è dedicata a questioni di natura più teorica, che inquadrano il fenomeno da una prospettiva filosofica e storico-artistica, e riflettono criticamente sulle sue caratteristiche e i suoi limiti. Tra questi, l'impatto ambientale – che conduce Catherine Flick alla conclusione che "non esista al momento un modo etico di implementare NFT"[14] –; ma anche l'*appealing* della tecnologia NFT per la criminalità (Mosna e Soana parlano in proposito della "virtual yet concrete art of money laundering")[15], e il suo replicare, come sottolinea Jeremy Nguyen, *bias* razzisti[16]. In filosofia, accanto agli studi di carattere più "sperimentale" – che riflettono sulla percezione estetica del pubblico, sul rapporto tra elementi visivi e prezzi, o sul tipo di estetica dominante nelle opere d'arte NFT[17] – non mancano ricerche, come quelle di Avital e Dolanska[18] e Agata Mergler[19], che tentano di fornire al fenomeno coordinate novecentesche, interpretandolo alla luce di autori come Walter Benjamin o Nelson Goodman. Similmente, in ambito storicoartistico, sono caleidoscopici i percorsi genealogici a cui gli NFT sono ricondotti: dalla Land Art, per Tom Jeffreys[20], al Ready Made per David Joselit[21]; dal concettualismo, secondo Ito Kensuke[22], al Bauhaus nell'analisi di Cesar Santalo *et al.*[23]. Un prisma di influenze da cui emergono direzioni di ricerca promettenti: come quelle di Jaeun Cabelle Ahn, che analizza gli NFT di Frank Stella, esplorando le interferenze tra gli NFT e la pratica di artisti "storicizzati" che si cimentano con il nuovo medium[24]; o ancora quelle che lavorano – è il caso di John Ippolito – sugli slittamenti di senso prodotti dalla traslazione dell'arte "analogica" nel Metaverso[25].

Ecco allora che l'oggetto – si potrebbe osare *iper* – NFT si ritrova ulteriormente moltiplicato, nella grande sala degli specchi della ricerca umanistica. Un laboratorio di sguardi e prospettive che ne complica ulteriormente l'analisi, opponendosi radicalmente a ogni univocità di rappresentazione e di giudizio. Mantenendo fede alla metafora della cartografia, come ogni mappa, anche la bibliografia presentata nelle prossime pagine ricostruisce e reimmagina l'oggetto che intende rappresentare, proiettandovi le proprie resistenze, utopie e possibilità. Una storia, anche questa, che merita di essere raccontata.

1. Timothy Morton, *Iperoggetti* (2013), Nero, Roma 2018

2. Vlad Hategan, "Dead NFTs: The Evolving Landscape of the NFT Market, 2023", in *DappGambl,* 2023, https://dappgambl.com/nfts/dead-nfts/

3. William Entriken, Dieter Shirley, Jacob Evans, Nastassia Sachs, "EIP-721: Non-Fungible Token Standard", in *Ethereum Improvement Proposals*, n. 721, January 2018, https://eips. ethereum.org/EIPS/eip-721. It should be noted that it is possible to trace "proto-NFT" back to 2012, when the colored coins were created. In general, as with any technological advance, it is difficult to establish a "birth date" that is not just conventional, as each "birth" should be considered the result of a series of gradual implementations. A brief reconstruction can be found in Andrew Steinwold, "The History of Non-Fungible Tokens (NFTs)", in *Medium*, 2019, http://108.166.64.190/omeka222/files/original/453bc3985fdc186319dcaa6c0fcc9f8a. pdf

4. Jun Chen, Danny Friedmann, "Jumping from Mother Monkey to Bored Ape: The Value of NFTs from an Artist's and Intellectual Property Perspective", in *Asia Pacific Law Review*, vol. 31, n. 1, 2023

5. Giovanni Colavizza, "Seller-buyer networks in NFT art are driven by preferential ties", in *Frontiers in Blockchain*, n. 5, 2022

6. On this point, see Amy Whitaker – Nora Burnett Abrams (eds.), *The Story of NFTs: Artists, Technology, and Democracy,* Rizzoli Electa, New York 2023

7. Anne-Sophie V. Radermecker – Victor Ginsburgh, "Questioning the NFT 'Revolution' within the Art Ecosystem", in *Arts*, vol. 12, n. 1, 2023

8. See Linda Adami – Nicole Sigmaringo, *Quantum Temple: A New Vision for Utilizing Blockchain Technology for the Recognition and Preservation of Cultural Heritage*, in M. Rauterberg (ed.), *Culture and Computing, Lecture Notes in Computer Science, 14035*, SpringerLink 2023, pp. 3-14; Mingke Wang – Lau Newman, "NFT Digital Twins: A Digitalization Strategy to Preserve and Sustain Miao Silver Craftsmanship in the Metaverse Era", in *Heritage*, vol. 6, n. 2, 2023, pp. 1921-1941

9. Liz Feld, "Activating refusal: exploring NFTs to disrupt museum ownership", in *International Journal of Heritage Studies*, vol. 30, n. 1, 2023, pp. 103-114

10. Eynat Mendelson-Shwartz, Ofir Shwartz, Nir Mualam, "Protecting Street Art Rights Using an NFT-Based System", in *Journal of Urban Technology*, vol. 30, n. 3, 2023, pp. 81-100

11. On this point, see Helena Stublić, Matea Bilogrivić, Goran Zlodi, "Blockchain and NFTs in the Cultural Heritage Domain: A Review of Current Research Topics", in *Heritage*, vol. 6, n. 4, 2023, pp. 3801-3819

12. Heather Nolin – Amy Whitaker, *Non-Fungible Tokens and Non-Profit Management: Participation, Revenue Generation, and Strategic Planning*, in J. Yuha, N. Vakharia, M. Vecco (eds.), *The Oxford Handbook of Arts and Cultural Management*, Oxford Academic, Oxford, 2022, pp. 1-47; Luoli Zhao, "Evaluating the Adoption of Non-Fungible Tokens (NFTs) in Museums: A Comprehensive Framework", in *Cambridge Open Engage*, 2023

1. Timothy Morton, *Iperoggetti* (2013), Nero, Roma 2018

2. Vlad Hategan, "Dead NFTs: The Evolving Landscape of the NFT Market, 2023", in *DappGambl,* 2023, https://dappgambl.com/nfts/dead-nfts/

3. William Entriken, Dieter Shirley, Jacob Evans, Nastassia Sachs, "EIP-721: Non-Fungible Token Standard", in *Ethereum Improvement Proposals*, n. 721, gennaio 2018, https://eips.ethereum.org/EIPS/eip-721. Bisogna sottolineare come sia possibile far risalire "proto-NFT" già al 2012, con la creazione dei *Colored Coins.* In generale, come per ogni avanzamento tecnico, è difficile indicare una "data di nascita" non convenzionale, ma si tratta piuttosto di un gradiente di progressive implementazioni. Per una ricostruzione sintetica cfr. Andrew Steinwold, "The History of Non-Fungible Tokens (NFTs)", in *Medium*, 2019, http://108.166.64.190/omeka222/files/original/453bc3985fdc186319dcaa6c0fcc9f8a.pdf

4. Jun Chen, Danny Friedmann, "Jumping from Mother Monkey to Bored Ape: The Value of NFTs from an Artist's and Intellectual Property Perspective", in *Asia Pacific Law Review*, vol. 31, n. 1, 2023

5. Giovanni Colavizza, "Seller-buyer networks in NFT art are driven by preferential ties", in *Frontiers in Blockchain*, n. 5, 2022

6. Su cui si veda Amy Whitaker – Nora Burnett Abrams (a cura di), *The Story of NFTs: Artists, Technology, and Democracy,* Rizzoli Electa, New York 2023

7. Anne-Sophie V. Radermecker – Victor Ginsburgh, "Questioning the NFT 'Revolution' within the Art Ecosystem", in *Arts*, vol. 12, n. 1, 2023

8. Cf. Linda Adami – Nicole Sigmaringo, *Quantum Temple: A New Vision for Utilizing Blockchain Technology for the Recognition and Preservation of Cultural Heritage,* in M. Rauterberg (a cura di), *Culture and Computing, Lecture Notes in Computer Science, 14035,* SpringerLink 2023, pp. 3-14; Mingke Wang – Lau Newman, "NFT Digital Twins: A Digitalization Strategy to Preserve and Sustain Miao Silver Craftsmanship in the Metaverse Era", in *Heritage*, vol. 6, n. 2, 2023, pp. 1921-1941

9. Liz Feld, "Activating refusal: exploring NFTs to disrupt museum ownership", in *International Journal of Heritage Studies*, vol. 30, n. 1, 2023, pp. 103-114

10. Eynat Mendelson-Shwartz, Ofir Shwartz, Nir Mualam, "Protecting Street Art Rights Using an NFT-Based System", in *Journal of Urban Technology*, vol. 30, n. 3, 2023, pp. 81-100

11. Sul punto si veda Helena Stublić, Matea Bilogrivić, Goran Zlodi, "Blockchain and NFTs in the Cultural Heritage Domain: A Review of Current Research Topics", in *Heritage*, vol. 6, n. 4, 2023, pp. 3801-3819

12. Heather Nolin – Amy Whitaker, *Non-Fungible Tokens and Non-Profit Management: Participation, Revenue Generation, and Strategic Planning*, in J., Yuha, N. Vakharia, M. Vecco (a cura di), *The Oxford Handbook of Arts and Cultural Management*, Oxford Academic, Oxford, 2022, pp. 1-47; Luoli Zhao, "Evaluating the

13. Andreia Nogueira, Célio Gonçalo Marques, António Manso, Paula Almeida, "NFTs and the Danger of Loss", in *Heritage*, vol. 6, n. 7, 2023, pp. 5410-5423

14. Catherine Flick, "A critical professional ethical analysis of Non-Fungible Tokens (NFTs)", in *Journal of Responsible Technology*, vol. 12, 2022

15. Anna Mosna – Giulio Soana, "NFTs and the virtual yet concrete art of money laundering", in *Computer Law & Security Review*, vol. 51, 2023

16. Jeremy Nguyen, "Racial Discrimination in Non-Fungible Token (NFT) Prices? CryptoPunk Sales and Skin Tone", in *Economics Letters*, vol. 218, 2022

17. See Ruth Ardianti – Ely Andra Widharta, "Aesthetic Analysis and Public Perceptions of Popular Artworks in NFT Opensea Marketplace", in *ICOLLITE 2022,* Proceedings of the Sixth International Conference on Language, Literature, Culture, and Education, held online, 3 August 2022, ed. by Nuria Haristiani *et al.,* Atlantis Press, New York 2022, pp. 507-516; Yihan Chen, Yilin Ye, Wei Zeng, "The Rich, the Poor, and the Ugly: An Aesthetic-Perspective Assessment of NFT Values", in *VINCI '23*, Proceedings of the 16th International Symposium on Visual Information Communication and Interaction, Guangzhou, 22-24 September 2023, ed. by Roger Malina *et al.*, Association for Computing Machinery, New York 2023

18. Doron Avital – Karolina Dolanska, "The Original in the Digital Age", in *Spes*, vol. 12, n. 1, 2023, pp. 88-107

19. Agata Mergler, "Walter Benjamin's Media Theory in the Times of Platform Nihilism", in L. Aguiar de Sousa – P. Stellino (eds.), *Violence and Nichilism*, De Gruyter, Berlin 2022, pp. 89-111

20. Tom Jeffreys, "Are NFT a new Land Art?", in *Art Review*, 4 October 2022, https://artreview.com/are-nfts-the-new-land-art-olafur-eliasson/

21. David Joselit, "NFTs, or The Readymade Reversed", in *October*, vol. 175, 2021, pp. 3-4

22. Ito Kensuke, "Be More Conceptual Regarding Non-Fungible Tokens (NFTs) as Art", in *Leonardo*, vol. 56, n. 3, 2023, pp. 290-291

23. Cesar Santalo, Andrew J. Corsa, Alex Duque, Ariel Baron-Robbins, "The Boca Bauhaus. Marcel Breuer, BRiC and Lynn University's NFT museum", in *Digital Creativity*, vol. 14, n. 1, 2023, pp. 282-295

24. Jaeun Cabelle Ahn, "Tokenized and Tactile: Frank Stella's Geometries (2022)", in *Arts*, vol. 12, n. 6, 2023

25. Jon Ippolito, "Crypto-Preservation and the Ghost of Andy Warhol", in *Arts*, vol. 11, n. 2, 2022

Adoption of Non-Fungible Tokens (NFTs) in Museums: A Comprehensive Framework", in *Cambridge Open Engage*, 2023

13. Andreia Nogueira, Célio Gonçalo Marques, António Manso, Paula Almeida, "NFTs and the Danger of Loss", in *Heritage*, vol. 6, n. 7, 2023, pp. 5410-5423

14. Catherine Flick, "A critical professional ethical analysis of Non-Fungible Tokens (NFTs)", in *Journal of Responsible Technology*, vol. 12, 2022

15. "Arte virtuale ma concreta del riciclaggio di denaro", Anna Mosna – Giulio Soana, "NFTs and the virtual yet concrete art of money laundering", in *Computer Law & Security Review*, vol. 51, 2023

16. Jeremy Nguyen, "Racial Discrimination in Non-Fungible Token (NFT) Prices? CryptoPunk Sales and Skin Tone", in *Economics Letters*, vol. 218, 2022

17. Cf. Ruth Ardianti – Ely Andra Widharta, "Aesthetic Analysis and Public Perceptions of Popular Artworks in NFT Opensea Marketplace", in *ICOLLITE 2022,* Proceedings of the Sixth International Conference on Language, Literature, Culture, and Education, evento online, 3 agosto 2022, a cura di Nuria Haristiani *et al.,* Atlantis Press, New York 2022, pp. 507-516; Yihan Chen, Yilin Ye, Wei Zeng, "The Rich, the Poor, and the Ugly: An Aesthetic-Perspective Assessment of NFT Values", in *VINCI '23*, Proceedings of the 16th International Symposium on Visual Information Communication and Interaction, Guangzhou, 22-24 settembre 2023, a cura di Roger Malina *et al.*, Association for Computing Machinery, New York 2023

18. Doron Avital – Karolina Dolanska, "The Original in the Digital Age", in *Spes*, vol. 12, n. 1, 2023, pp. 88-107

19. Agata Mergler, "Walter Benjamin's Media Theory in the Times of Platform Nihilism", in L. Aguiar de Sousa – P. Stellino (a cura di), *Violence and Nichilism*, De Gruyter, Berlin 2022, pp. 89-111

20. Tom Jeffreys, "Are NFT a new Land Art?", in *Art Review*, 4 ottobre 2022, https://artreview.com/are-nfts-the-new-land-art-olafur-eliasson/

21. David Joselit, "NFTs, or The Readymade Reversed", in *October*, vol. 175, 2021, pp. 3-4

22. Ito Kensuke, "Be More Conceptual Regarding Non-Fungible Tokens (NFTs) as Art", in *Leonardo*, vol. 56, n. 3, 2023, pp. 290-291

23. Cesar Santalo, Andrew J. Corsa, Alex Duque, Ariel Baron-Robbins, "The Boca Bauhaus. Marcel Breuer, BRiC and Lynn University's NFT museum", in *Digital Creativity*, vol. 14, n. 1, 2023, pp. 282-295

24. Jaeun Cabelle Ahn, "Tokenized and Tactile: Frank Stella's Geometries (2022)", in *Arts*, vol. 12, n. 6, 2023

25. Jon Ippolito, "Crypto-Preservation and the Ghost of Andy Warhol", in *Arts*, vol. 11, n. 2, 2022

# Bibliografia essenziale su NFT e patrimonio culturale
# Essential bibliography on NFT and Cultural Heritage

__ Patrimonio culturale/Cultural Heritage

Linda Adami – Nicole Sigmaringo, "Quantum Temple: A New Vision for Utilizing Blockchain Technology for the Recognition and Preservation of Cultural Heritage", in M. Rauterberg (a cura di/ed.), *Culture and Computing*, Springer, Berlin 2023, pp. 3-14

Shymaa Arafat, "SoK: Can NFTs Solve the Economic Problems of Countries with Ancient Heritage? Egypt as a Case Study", in W. Meng – W. Li (a cura di/eds.), *Blockchain Technology and Emerging Technologies*, Springer, Berlin 2023, pp. 155-175

Erica Cantaluppi – Lorenzo Ceccon, "Defining a Metaverse for the Cultural Heritage", in *CHNT Editorial board*, Proceedings of the 27th International Conference on Cultural Heritage and New Technologies, Wien, 10-12 novembre/November 2022, Propylaeum Ebook Serie, Heidelberg 2022

Emre Ertürk, Murat Doğan, Ümit Kadiroğlu, Enis Karaarslan, "NFT based Fundraising System for Preserving Cultural Heritage: Heirloom", in *UBMK'21*, Proceedings of the 6th International Conference on Computer Science and Engineering, Ankara, 15-17 settembre/September 2021, Institute of Electrical and Electronics Engineers (IEEE), New York 2021, pp. 699-702

Eleonora Lupo, Giuseppe Carmosino, Beatrice Gobbo, Martina Motta, Michela Mauri, Marina Parente, Elena Spadoni, Davide Spallazzo, Federica Rubino, "Digital for heritage and museums: design-driven changes and challenges", in *IASDR 2023*, Atti del convegno internazionale del Politecnico di Milano, Milano, 9-13 ottobre/October 2023, a cura di/eds. Daniela De Sainz Molestina *et al.*, Design Research Society, Milano 2023

Eynat Mendelson-Shwartz, Ofir Shwartz, Nir Mualam, "Protecting Street Art Rights Using an NFT-Based System", in *Journal of Urban Technology*, vol. 30, n. 3, 2023, pp. 81-100

Cian Murphy, Peter J. Carew, Larry Stapleton, "Towards a Human-Centred Framework for Smart Digital Immersion and Control for Cultural Heritage Applications", in *IFAC-PapersOnLine*, vol. 55, n. 39, 2022, pp. 30-35

Andreia Nogueira, Gonçalo Marques Célio, António Manso, Paula Almeida, "NFTs and the Danger of Loss", in *Heritage*, vol. 6, n. 7, 2023, pp. 5410-5423

Trevor Owens, "Are NFTs Nonsense for Digital Cultural Heritage Collections?", 2021, http://www.trevorowens.org/2021/06/are-nfts-nonsense-for-digital-cultural-heritage-collections/

Tiago Silva, Valentina Nisi, Nuno Jardim Nunes, "Harnessing the power of transient Non-fungible Tokens in support of preserving natural landscapes as heritage in the face of climate change", in *CHItaly '23*, Proceedings of the 15th Biannual Conference of the Italian SIGCHI, Torino, 20-22 settembre/September 2023, a cura di/eds. Cristina Gena *et al.,* Association for Computing Machinery, New York 2023, pp. 1-6

Sara Schumacher, "Deep Dives into Digital Cultural Heritage Practices: An Interview with Diane Zorich", in *Visual Resources Association Bulletin*, vol. 49, n. 2, 2022, pp. 11-27

Piotr Stec – Alicja Jagielska-Burduk, "Digital Restitution of Cultural Goods: In Search of a Working Model", in *Int J Semiot Law*, vol. 36, 2023, pp. 2207-2218

Helena Stublić, Matea Bilogrivić, Goran Zlodi, "Blockchain and NFTs in the Cultural Heritage Domain: A Review of Current Research Topics", in *Heritage*, vol. 6, n. 4, 2023, pp. 3801-3819

Gorbul Taras – Serhii Rusakov, "Cultural Heritage in the Context of Digital Transformation Practices: Experience of Ukraine and the Baltic States", in *Baltic Journal of Economic Studies*, vol. 8, n. 4, 2022, pp. 58-69

Denis Trček, "Cultural heritage preservation by using blockchain technologies", in *Heritage Science*, vol. 6, n. 10, 2022

Vibeje Sørensen – Stephen J. Lansing, "Bali, Borneo and the Blockchain: Explorations in the Preservation of Cultural Heritage", in M. Rauterberg (a cura di/ed.), *Culture and Computing*, Springer, Berlin 2023, pp. 58-73

Mingke Wang – Lau Newman, "NFT Digital Twins: A Digitalization Strategy to Preserve and Sustain Miao Silver Craftsmanship in the Metaverse Era", in *Heritage*, vol. 6, n. 2, 2023, pp. 1921-1941

Ying Wang, "Re-Empowerment of Intangible Cultural Heritage under the Mett Cosmos: The Case of Dunhuang Cave Art", in *International Journal of Arts and Humanities Studies*, vol. 2, n. 2, 2022, pp. 54-59

Wenyue Wang – Ying He, "Study on the Digital Inheritance Path of Oral Literature Intangible Cultural Heritage", in A. Marcus, R. Rosenzweig, M.M. Soares (a cura di/ed.), *Design, User Experience, and Usability*, Springer, Berlin 2023, pp. 184-195

Ahmed Bouzid, Paolo Narciso, Steve Wood, *NFTs for Business*, Apress, Berkeley 2023

Mimi Chan – Dickson K. W. Chiu, "Adoption of Digital Art NFTs in Hong Kong", in Id. (a cura di/ eds.), *Emerging Technology-Based Services and Systems in Libraries, Educational Institutions, and Non-Profit Organizations*, IGI Global, Hershey 2023, pp. 151-174

Noah Charney – Kenny Schachter, *The NFT Book Everything You Need to Know about the Art and Collecting of Non-Fungible Tokens,* Rowman & Littlefield Publishers, Lanham 2023

Andrew Chow, "NFTs Are Shaking Up the Art World – But They Could Change So Much More", in *Time*, 22 marzo/March 2021, https://time.com/5947720/nft-art/

Giovanni Colavizza, "Seller-buyer networks in NFT art are driven by preferential ties", in *Frontiers in Blockchain*, vol. 5, 2022

Salome Cuesta Valera, Paula Fernández Valdés, Salvador Muñoz Viñas, "NFT y arte digital: Nuevas posibilidades para el consumo, la difusión y preservación de obras de arte contemporáneo", in *Artnodes*, vol. 28, 2021

Gabrielle Durana, "L'utopie des NFT et la figure de l'artiste au XXIe siècle", in *Esprit*, settembre/September 2023, https://esprit.presse.fr/actualites/gabrielle-durana/l-utopie-des-nft-et-la-figure-de-l-artiste-au-xxie-siecle-44856

Massimo Franceschet, Giovanni Colavizza, T'ai Smith, Blake Finucane, Martin Lukas Ostachowski, Sergio Scalet, Jonathan Perkins, James Morgan, Sebastián Hernández, "Crypto Art: A Decentralized View", in *Leonardo*, vol. 54, n. 4, 2021, pp. 402-405

Shm Garanganao Almeda – Bjoern Hartmann, "NFT Art World: The Influence of Decentralized Systems on the Development of Novel Online Creative Communities and Cooperative Practices", in *DIS '23*, Proceedings of the 2023 ACM Designing Interactive Systems Conference, Pittsburgh, 10-14 luglio/July 2023, a cura di/eds. Daragh Byrne *et al.*, Association for Computing Machinery, New York 2023, pp. 353-370

Logan Kugler, "Non-fungible tokens and the future of art", in *Commun. ACM*, vol. 64, 2021, pp. 19-20

Dario Lanza, "From the Algorithm to the New Art Collector. Design, Development and Launch of an Innovative NFT Collection", in *Advances in Design and Digital Communication IV*, Proceedings of the 7th International Conference on Design and Digital Communication, Digicom 2023, Barcelos, 9-11 novembre/November 2023, a cura di/eds Nuno Martins – Daniel Brandão, Springer, Berlin 2024, pp. 67-78

Machulin Leonid, "The impact of nonfungible tokens (NFT) on the art world", in *Culture of Ukraine*, 2022

Stefani Pareti, David Flores, Loreto Rudolph, Vicente Valdebenito, "E-Business and E-Commerce as facilitators of digital consumption of art. The case of Gallery Weekend Santiago and Mexico", in *MSIE '22*, Proceedings of the 4th International Conference on Management Science and Industrial Engineering, Chiang Mai, 28-30 aprile/April 2022, Association for Computing Machinery, New York 2022, pp. 17-22

Renzo Martens, "Balot NFT. A radical new model turns the NFT into a tool for decolonization", https://renzomartens.com/balotnft/

Daemin Park, "NFT Art : Decentralization of the Art World and Aura of Traces", in *Korean Journal of Communication & Information*, vol. 109, 2021, pp. 127-152

Anne-Sophie V. Radermecker – Victor Ginsburgh, "Questioning the NFT 'Revolution' within the Art Ecosystem", in *Arts*, vol. 12, n. 1, 2023

Dian Ross, Edmond Cretu, Victoria Lemieux, "NFTs: Tulip Mania or Digital Renaissance?", in *2021 IEEE International Conference on Big Data*, evento virtuale/ virtual event, 15-18 dicembre/December 2021, a cura di/eds. Yixin Chen *et al.*, Institute of Electrical and Electronics Engineers (IEEE), New York 2021, pp. 2262-2272.

Sebastian Smee, "Will NFTs Transform the Art World? Are They Even Art?", in *Washington Post*, 18 dicembre/December 2021

Clive Thompson, "The Untold Story of the NFT Boom", in *New York Times*, 12 maggio/May 2021

Vivian Wang – Dali Wang, "The Impact of the Increasing Popularity of Digital Art on the Current Job Market for Artists", in *Art and Design Review*, vol. 9, 2021, pp. 242-253

Miglena Angelova, "Application of Blockchain Technology in the Cultural and Creative Industries", in *2019 II International Conference on High Technology for Sustainable Development (HiTech)*, Sofia, 10-11 ottobre/October 2019, Institute of Electrical and Electronics Engineers (IEEE), New York 2019, pp. 1-4

Rémy Bocquillon – Joost van Loon, "Symbolic misery and digital media: How NFTs reproduce culture industries", in *NECSUS_European Journal of Media Studies*, vol. 11, n. 2, 2022, pp. 24-45

Dominic Chalmers, Christian Fisch, Russell Matthews, William Quinn, Jan Recker, "Beyond the bubble: Will NFTs and digital proof of ownership empower creative industry entrepreneurs?", in *Journal of Business Venturing Insights*, vol. 17, 2022

Jun Chen – Danny Friedmann, "Jumping from mother monkey to bored ape: the value of NFTs from an artist's and intellectual property perspective", in *Asia Pacific Law Review*, vol. 31, n. 1, 2023, pp. 100-122

Nicolò Andreula – Stefania Petruzzelli, "Meta-Soft Power: Flipping the Scales Between Art & Culture", in S. Saran – A. Khanna (a cura di/eds.), *Raisina Files*, vol. 6, 2022, pp. 135-143

Erica Del Vacchio – Francesco Bifulco, "Blockchain in Cultural Heritage: Insights from Literature Review", in *Sustainability*, vol. 14, n. 4, 2022

Nikhil Malik, Yanhao "Max" Wei, Gil Appel, Lan Luo, "Blockchain Technology for Creative Industries: Current State and Research Opportunities", in *International Journal of Research in Marketing*, vol. 40, n. 1, 2022, pp. 38-48

Yusuf Wahyu – Vani Dias Adiprabowo, "Digital Creativity NFTs or Lies Under the Guise of Creativity in The Digital Age", in *Journal of Media and Communication Science*, vol. 6, n. 3, 2023, pp. 175-193

Tindara Abbate, Marilena Vecco, Carlo Vermiglio, Vincenzo Zarone, Mirko Perano, "Blockchain and Art Market: Resistance or Adoption?", in *Consumption Markets & Culture*, vol. 25, 2022, pp. 105-123

Giulio Anselmi – Giovanni Petrella, "Non-fungible token artworks: More crypto than art?", in *Finance Research Letters*, vol. 51, 2023

Claudio Boido – Mauro Aliano, "Digital art and non-fungible-token: Bubble or revolution?", in *Finance Research Letters*, vol. 52, 2023

Christine Bourron, "How Has COVID-19 Affected the Public Auction Market?", in *Arts*, vol. 10, n. 4, 2021

Christine Bourron, "Comprehensive Analysis of the Trade of NFTs at Major Auction Houses: From Hype to Reality", in *Arts*, vol. 12, n. 5, 2023

Marion Carré – Frédéric De Senarclens, *Propos sur les NFT dans le monde de l'art: enjeux, perspectives, limites*, L'art dit, Arles 2023

Daniel Chun, "When the NFT Hype Settles, What Is Left beyond Profile Pictures? A Critical Review on the Impact of Blockchain Technologies in the Art Market", in *Arts*, vol. 12, n. 5, 2023

Silvana Colella, "Disrupting the art market? Blockchain, NFTs and the promise of inclusion", in *Il Capitale Culturale*, n. 26, 2022, pp. 233-256

Edoardo D'Andrassi – Francesca Ventimiglia, "The use of blockchain by different art market players: Current applications and risks", in *IEEE ICTMOD 2021*, Proceeding of the International Conference on Technology Management, Operations and Decisions, Marrakech, 24-26 novembre/November 2021, Institute of Electrical and Electronics Engineers (IEEE), New York 2021

Benjamin Duke, "The Shape of International Art Purchasing – The Shape of Things to Come", in *Arts*, vol. 12, n. 5, 2023

Alessandra Galassi, Paolo Spagnoletti, Tommaso Federici, "The Immutability of Artwork in the Age of Digital Reproduction: NFT from the insiders' perspective", in *ITAIS 2022*, Proceedings of the 14th Mediterranean Conference on Information Systems and The 19th Conference of The Italian Chapter of AIS, Catanzaro, 14-15 ottobre/October 2022, Università degli studi della Tuscia, Viterbo 2022.

Mustafa Günay, "Approaches about NFT with Crypto Art and Its Place in the Art Market", in *Art and Design Review*, vol. 11, 2023, pp 104-119

Aaron Hertzmann, "Why would anyone buy crypto art – let alone spend millions on what's essentially a link to a jpeg file?", in *The Conversation*, 15 marzo/March 2021, https://theconversation.com/why-would-anyone-buy-crypto-art-let-alone-spend-millions-on-whats-essentially-a-link-to-a-jpeg-file-157115

Florian Horky, Carolina Rachel, Jarko Fidrmuc, "Price determinants of non-fungible tokens in the digital art market", in *Finance Research Letters*, vol. 48, 2022

Kyoohoon Jo – Jeongmin Ko, "Efficient Plan for Art Transaction Through Non Fungible Token(NFT)", in *Asia-pacific Journal of Convergent Research Interchange*, vol. 7, n. 12, 2021, pp. 99-111

Laura Lotti, "The Art of Tokenization: Blockchain Affordances and the Invention of Future Milieus", in *Media Theory*, vol. 3, n. 1, 2019, pp. 287-320

Felipe Marquette de Sousa, "Token-Art System and the New International Art Market: The Impacts of NFT technology and the legal aspects involved", in *Journal of Law, Market and Innovation*, vol. 1, n. 1, 2022, pp. 97-115

Francis Russell, "NFTs and Value", in *M/C Journal*, vol. 25, n. 2, 2021

Shaurya Sahni, "How are NFTs affecting the art market?", in *International Journal of Mechanical Engineering*, vol. 7, n. 5, 2022, pp. 1108-1112

Marko Suvajdzic, Dragana Stojanovic, Joel Appelbaum, "Blockchain Art and Blockchain Facilitated Art Economy: Two Ways in Which Art and Blockchain Collide", in *TIMES-ICON*, Proceedings of the 4th Technology Innovation Management and Engineering Science International Conference, Bangkok, 11-13 dicembre/December 2019, Institute of Electrical and Electronics Engineers (IEEE), New York 2019, pp. 147-152

Eva Nieto McAvoy - Jenny Kidd, "Crypto Art and Questions of Value: a review of emergent issues", in *Creative Industries Policy and Evidence Centre*, 2022, https://pec.ac.uk/discussion-papers/crypto-art-and-questions-of-value

Jeffrey Taylor – Kelsey Sloane, "Art Markets without Art, Art without Objects", in *The Garage Journal: Studies in Art, Museums & Culture*, vol. 2, 2021, pp. 152-175

Lauern van Haaften-Schick – Amy Whitaker, "From the Artist's Contract to the blockchain ledger: new forms of artists' funding using equity and resale royalties", in *J Cult Econ*, vol. 46, 2022, pp. 287-315.

___ Storia dell'arte/History of Art

Anita Błażejewska, "Urban Values in the Digital Space. The Street Art Roots of NFTs as a Problem", in *Acta Universitatis Lodziensis. Folia Philosophica. Ethica – Aesthetica – Practica*, vol. 17, n. 41, 2022, pp. 65-81

Jaeun Cabelle Ahn, "Tokenized and Tactile: Frank Stella's Geometries (2022)", in *Arts*, vol. 12, n. 6, 2023

Elisa Caldarola, "Conceptualist Strategies in Pandemic Time: the Case of Beeple's NFT", in I. Vidmar Jovanović – V. Marianna Stupnik (a cura di/eds.), *Social and Technological Aspects of Art Challenges of the 'New Normal'*, University of Rijeka, Rijeka 2022, pp. 183-195

Andrea Concas – Eleonora Brizi, *Crypto Art - Begins,* Rizzoli, Milano 2023

Patrick Edem Okon, Okon Efong Udoyo, Leonard Odum Ojorgu, "Graffiti and new media: Leveraging technology to advance creativity and learning in Nigeria", in *International Journal of Arts and Humanities*, vol. 4, n. 1, 2023, pp. 166-180

A. Galansino – S. Tabacchi (a cura di/eds.), *Let's Get Digital, NFT e nuove realtà dell'arte digitale*, Marsilio, Venezia 2022

M. Garrett, R. Catlow, S. Skinner, N. Jones (a cura di/eds.), *Artists Re: thinking the Blockchain*, Liverpool University Press, Liverpool 2018

Taras Habrel, "Crypto Art: a New Era in Art VS Adventure Challenge?", in *Culture and Arts in the Modern World*, vol. 23, 2022, pp. 85-92

Jon Ippolito, "Crypto-Preservation and the Ghost of Andy Warhol", in *Arts*, vol. 11, n. 2, 2022

Tom Jeffreys, "Are NFT a new Land Art?", in *ArtReview*, 4 ottobre/October 2022, https://artreview.com/are-nfts-the-new-land-art-olafur-eliasson/

David Joselit, "NFTs, or The Readymade Reversed", in *October*, vol. 175, 2021, pp. 3-4

Ito Kensuke, "Be More Conceptual Regarding Non-Fungible Tokens (NFTs) as Art", in *Leonardo*, vol. 56, n. 3, 2023, pp. 290-291

Omar Kholeif, *Internet_Art: From the Birth of the Web to the Rise of NFTs*, Phaidon Press, New York 2023

Irina Lyubchenko, "NFTs and Digital Art: 21st Century Avant-Garde Impulse?", in *M/C Journal*, vol. 25, n. 2, 2022

Tara Merk, "Beyond markets: The DADA case for NFTs in art", in *Technoetic Arts*, vol. 21, n. 1, 2023, pp. 73-89

Domenico Quaranta, *Surfing con Satoshi. Arte, blockchain e NFT,* Postmedia Books, Milano 2021

Domenico Quaranta, *Net Art. Scritti sull'arte nell'era dell'informazione*, Postmedia Books, Milano 2023

Cesar Santalo, Andrew J. Corsa, Alex Duque, Ariel Baron-Robbins, "The Boca Bauhaus. Marcel Breuer, BRiC and Lynn University's NFT museum", in *Digital Creativity*, vol. 14, n. 1, 2023, pp. 282-295

Alp Tuğan, "Liberation of The Medium: Decentralization of Dynamic Generative Art Creations by NFT Marketplaces", in *GA2021*, Proceedings of the XXIV Generative Art Conference, Cagliari, 15-17 dicembre/December 2021, a cura di/eds. C. Soddu – E. Colabella, Domus Argenia, Roma 2021, pp. 409-421

Erik R. Valdes-Martines, "Digital Objects of Fine Art and NFT: Myths and Reality", in *Zakon*, vol. 20, 2023, pp. 76-86

A. Weidinger (a cura di/ed.), *Proof of art: a short history of NFTs, from the beginning of digital art to the metaverse*, DISTANZ, Berlin 2021

A. Whitaker – N. Burnett Abrams (a cura di/eds.), *The Story of NFTs: Artists, Technology, and Democracy*, Rizzoli Electa, New York 2023

Shaun Wilson, "Situating Conceptuality in Non-Fungible Token Art", in *M/C Journal*, vol. 25, n. 2, 2022

Shaun Wilson, "The affordances of Digital Aesthetics", in *Screen Thoughts*, vol. 6, 2022

Ruth Ardianti – Ely Andra Widharta, "Aesthetic Analysis and Public Perceptions of Popular Artworks in NFT Opensea Marketplace", in *ICOLLITE 2022,* Proceedings of the Sixth International Conference on Language, Literature, Culture, and Education, online, 3 agosto/ August 2022, a cura di/eds. Nuria Haristiani *et al.*, Atlantis Press, New York 2022, pp. 507-516

Marinella Arena, Gianluca Lax, Antonia Russo, "A Blockchain-Based Solution to Chain (Im)Material Art", in A. Giordano, M. Russo, R. Spallone (a cura di/eds.), *Beyond Digital Representation*, Springer, Berlin 2024, pp. 503-514

Doron Avital – Karolina Dolanska, "The Original in the Digital Age", in *Spes*, vol. 12, n. 1, 2023, pp. 88-107

Thorsten Botz-Bornstein, "'Bullshit Art' and Non-Fungible-Tokens", in *Polish Journal of Aesthetics*, vol. 63, n. 4, 2021, pp. 69-83

Christophe Bruno, "Du capitalisme sémantique aux NFT", in *Psychanalyse YETU*, vol. 49, n. 1, 2022, pp. 161-172

Yihan Chen, Yilin Ye, Wei Zeng, "The Rich, the Poor, and the Ugly: An Aesthetic-Perspective Assessment of NFT Values", in *VINCI '23*, Proceedings of the 16th International Symposium on Visual Information Communication and Interaction, Guangzhou, 22-24 settembre/September 2023, a cura di/eds. Roger Malina *et al.*, Association for Computing Machinery, New York 2023

Bin Chen, "Viewer's Perceptual Difference in NFT Aesthetics – A Case Study of Popular NFT Avatars (PFPs) at the OpenSea", in *Cross Cultural Design*, Proceedings of Cross-Cultural Design: 15th International Conference, Copenhagen, 23-28 luglio/July 2023, Springer, Berlin 2023, pp. 13-24

Margherita Cicala – Nicola Chiacchio, "The New Frontier of Images NFTs. The Digitalization of the Image in the Art World", in *Proceedings of the 3rd International and Interdisciplinary Conference on Image and Imagination*, Milano, novembre/November 2021, a cura di/eds. D. Villa – F. Zuccoli, Springer, Berlin 2023, pp. 647-657

Anthony Cross, "Beeple and Nothingness: Philosophy and NFTS", in *Aestheticsforbirds*, 18 marzo/March 2021, https://aestheticsforbirds.com/2021/03/18/beeple-and-nothingness-philosophy-and-nfts/

Ricky D'Andrea Crano, "The [Dissipative] Joy of Accounting: Desiring, Imagining, and Talking about NFTs While the Planet Burns", in *Media-N, The Journal of the New Media Caucus*, vol. 19, n. 1, 2023, pp. 68-91

Julia Friedman – David Hawkes, "NFTs: The Afterlife of the Aura", in *Athenaeum Review*, n. 6, 2021, https://athenaeumreview.org/essay/nfts-the-afterlife-of-the-aura/

Elizabeth Kovacs, "Existing in Etherium: The autographic ontology of NFT artwork", in *Journal of Digital Art Humanities*, vol. 2, n. 2, 2023, pp. 61-66

Irina Lyubchenko, "What is Art? NFTs, Beeple, and Art Connoisseurship in the 21st Century", in *Interactive Film & Media Journal*, vol. 2, n. 3, pp. 174-190

Agata Mergler, "Walter Benjamin's Media Theory in the Times of Platform Nihilism", in L. Aguiar de Sousa – P. Stellino (a cura di/eds.), *Violence and Nichilism*, De Gruyter, Berlin 2022, pp. 89-111

Marie Molins, "Blockchain technology, foundations, protocols and aesthetic considerations", in *Technoetic Arts*, vol. 19, n. 3, 2021, pp. 349-364

Olivier Pitel – Patrick Martin-Mattera, "Dispositifs de monstration et rapport à l'objet: des lathouses au virtuel de l'œuvre d'art", in *Psychologie Clinique*, vol. 1, n. 55, 2023, pp. 42-53

Vladimir Popov, "Contemporary Aesthetics of NFTs: The Biocentric Experience of Origin and Originality of an NFT", in *AM Journal of Art and Media Studies*, n. 29, 2022, pp. 57-6

Federica Porcheddu, "L'opera d'arte tra rarità e singolarità. NFT e Crypto art alla luce (anche) del pensiero di Jean-Luc Nancy", in *Metayx*, vol. 1, 2022, pp. 145-163

Fetnan Rime, "Les NFT et le 'crypto-art', réflexions autour d'un nouvelécosystème", in *Marges*, vol. 36, n. 1, 2023, pp. 52-64

Lauren Sigda, "The Work of Art in the Age of Reproduction: In the Age of NFTs", in *The Macksey Journal*, vol. 3, n. 81, 2021

Andrea Sestino, Gianluigi Guido, Alessandro Peluso, "How Materialism Influences the Purchase of NFT-Based Artworks" in Id., *Non-Fungible Tokens (NFTs)*, Palgrave Macmillan, London 2022, pp. 43-51

Tom Whyman, "The Work of Art in the Age of the Non-Fungible Token", in *Are.na*, 16 marzo/ March 2021, https://www.are.na/block/12132931

Jason Bailey, "On Crypto Art Culture. A Conversation with Olive Allen, Osinachi, Robert Norton, Beatriz Helena Ramos, and Angie Taylor", in *Flash Art*, 28 gennaio/January 2022, https://flash--art.com/2022/01/jason-bailey/

Jonathan Beller, "Fascism on the Blockchain? The Work of Art in the Age of NFTs", in *CoinDesk*, 23 marzo/March 2021, https://www.coindesk.com/markets/2021/03/23/fascism-on-the-blockchain-the-work-of-art-in-the-age-of-nfts/

Ben Davis, "I Looked Through All 5,000 Images in Beeple's $69 Million Magnum Opus. What I Found Isn't So Pretty", in *Artnet News*, 17 marzo/March 2021, https://news.artnet.com/art-world-archives/beeple-everydays-review-1951656

Ben Davis, "NFT Artists Are Not Selling 'Digital Art Objects'. They Are Selling a Story-One That Requires Constant Retelling", in *Artnet News*, 16 agosto/August 2022, https://news.artnet.com/market/nft-art-market-2022-selling-a-story-2160353

Brian Droitcour, "How to Look at NFTs", in *ARTnews*, 4 marzo/March 2021, https://www.artnews.com/art-in-america/features/nft-art-1234585590/

Alex Estorick, "I Dream of DeFi. A Conversation with Ruth Catlow, Max Grünberg, Max Haiven, Aude Launay, and Denise Thwaites", in *Flash Art*, 28 gennaio/January 2022, https://flash--art.com/2022/01/defi-decentralization-crypto-art/

S. Himmelsbach – B. Magrini (a cura di/eds.), *Algorithmic Imaginary Art on the Blockchain and in the Metaverse*, Christoph Merian Verlag, Basel 2023

Charlotte Kent, "NFTs Can Be Artistically Groundbreaking – Meet the Artists and Curators Leading The Way", in *Art News*, 10 giugno/June 2022, https://www.artnews.com/list/art-news/artists/what-is-best-nft-art-1234631062/

Jeffrey Koh, "The Future of Non-fungible Tokens: PNFTs as a Medium for Programmatic Art Enabling a Fully Realized AI-Driven Art Ecosystem", in B. J. Dunstan *et al.* (a cura di/eds.), *Cultural Robotics: Social Robots and Their Emergent Cultural Ecologies*, Springer, Berlin 2023, pp. 89-97

Rhea Myers, *Proof of Work: Blockchain Provocations 20112021*, Urbanomic, London 2022

Hans Ulrich Obrist, Pak, "Hack the Planet", in *Art Forum*, settembre/September 2022, https://www.artforum.com/columns/hans-ulrich-obrist-talks-with-pak-252018/

Kolja Reichert, *Krypto-Kunst: NFTs und digitales Eigentum*, Verlag Klaus Wagenbach, Berlin 2021

Ryan T. Rivers, "Will the Artworld's NFT Wars End in Utopia or Dystopia?", in *ArtReview*, 2 dicembre/December 2021, https://artreview.com/will-the-artworld-nft-wars-end-in-utopia-or-dystopia/

Seth Price - Michelle Kuo, "What NFTs Mean for Contemporary Art", in *Moma Magazine*, 29 aprile/April 2021, https://www.capitainpetzel.de/usr/documents/press/download_url/89/moma_april2021_sethprice.pdf

Jerry Saltz, "Think of NFT as a brush", in *Vulture*, 15 aprile/April 2021, https://www.vulture.com/2021/04/nfts-will-be-an-artistic-tool-as-powerful-as-any-other.html

<br>

__ Musei/Museums


Kostas Arvanitis – Chiara Zuanni, "Digital (and) Materiality in Museums", in *Museum & Society*, vol. 19, n. 2, 2021

Bin Bai, "On the Present and Future of Digital Collections in Chinese Museums", in *Proceedings of the International Conference on Educational Science and Social Culture*, Kunming, 23-25 dicembre/December 2022, EDP Sciences, Les Ulis, 2023

Jason Bailey, "Why Museums Should Be Thinking Longer Term About NFTs", in *Artnome*, 28 luglio/July 2021, https://www.artnome.com/news/2021/7/28/why-museums-should-be-thinking-longer-term-about-nfts

Matea Bilogrivić – Helena Stublic, "Application of Blockchain Technology and NFTs in a Museum Environment", in *Proceedings of the 2023 46th MIPRO ICT and Electronics Convention (MIPRO)*, Opatija, 22-26 maggio/May 2023, Institute of Electrical and Electronics Engineers (IEEE), New York 2023, pp. 1353-1358

Samuel Bolton – Joseph Cora, "Virtual Equivalents of Real Objects (VEROs): A Type of Non-Fungible Token (NFT) That Can Help Fund the 3D Digitization of Natural History Collections", in *Megataxa*, vol. 6, n. 2, 2021, pp. 93-95

Erik da Silva, "Digital Pierrot Museum from Pristina to the Moon: an interview with Willred Dallto", in *Internet Histories*, vol. 1, n. 14, 2023

Reena Devi, "NFTs in IRL: The Rise of Digital Art Galleries in Physical Spaces", in *The Art NewsPaper*, 23 aprile/April 2021, https://www.theartnewspaper.com/2021/04/23/nfts-in-irl-the-rise-of-digital-art-galleries-in-physical-spaces

Cynthia Goodman, "The Future of Museums: The Post-Pandemic Transformation of Experiences and Expectations", in G. Einav (a cura di/ed.), *Transitioning Media in a Post COVID World. The Economics of Information, Communication, and Entertainment*, Springer, Berlin 2022, pp. 115-127

Liz Feld, "Activating refusal: exploring NFTs to disrupt museum ownership", in *International Journal of Heritage Studies*, vol. 30, n. 1, 2023, pp. 103-114

Valeonti Foteini, Antonis Bikakis, Melissa Terras, Chris Speed, Andrew Hudson-Smith, Konstantinos Chalkias, "Crypto Collectibles, Museum Funding and OpenGLAM: Challenges, Opportunities and the Potential of Non-Fungible Tokens (NFTs)", in *Applied Sciences*, vol. 11, n. 21, 2021

Milena Jokanović, "Space Crisis: Encounter in the Museum Building or Online?", in *INSAM Journal of Contemporary Music, Art and Technology*, vol. 14, n. 19, 2022, pp. 74-87

Yuha Jung, "Current use cases, benefits and challenges of NFTs in the museum sector: toward common pool model of NFT sharing for educational purposes", in *Museum Managemet and Curatorship*, vol. 38, n. 4, 2023, pp. 451-467

Frances Liddell, "Building Shared Guardianship through Blockchain Technology and Digital Museum Objects", in *Museum & Society Special Issue: Digital (and) Materiality in Museums*, vol. 19, n. 2, 2021, pp. 220-236

Frances Liddell, "Disrupting the Art Museum Now!: Responding to the NFT Social Experiment", in *Cultural Practices*, 16 marzo/March 2021, https://www.culturalpractice.org/article/disrupting-the-art-museum-now-responding-to-the-nft-social-experiment

Farah Nayeri, "NFTs, on the Decline Elsewhere, Are Embraced by Some Museums", in *New York Times*, 30 novembre/November 2022, https://www.nytimes.com/2022/11/30/arts/design/nfts-museums.html

Heather Nolin – Amy Whitaker, "Non-Fungible Tokens and Non-Profit Management: Participation, Revenue Generation, and Strategic Planning", in Y. Jung, N. Vakharia, M. Vecco (a cura di/eds.), *The Oxford Handbook of Arts and Cultural Management*, Oxford Academic, Oxford 2022

Olivia Rybak-Karkosz, "Creation and Sale of NFTs as an Opportunity and Challenge for Contemporary Museums", in *Muzealnictwo*, vol. 64, 2023, pp. 68-73

Zachary Small, "Even as NFTs Plummet, Digital Artists Find Museums Are Calling", in *New York Times*, 2 novembre/November 2022, https://www.nytimes.com/2022/10/31/arts/design/nfts-moma-refik-anadol-digital.html

Katleen Vermeir, Ronny Heiremans, "A Modest Proposal (in a Black Box)", in *Finance and Society*, vol. 9, n. 3, 2023, pp. 73-74

Luoli Zhao, "Evaluating the Adoption of Non-Fungible Tokens (NFTs) in Museums: A Comprehensive Framework", in *Cambridge Open Engage*, 2023

__ Mostre, Pratiche curatoriali, Exhibition studies/

Exhibitions, Curatorial Pratices, Exhibition studies

Pedro Alves da Veiga, "The Everywhere Museum of Everything: The Curatorship Challenge, from Digital Urban Art to NFTs", in H. Barranha – J. Simões Henriques (a cura di/eds.), *Art, Museums and Digital Cultures: Rethinking Change*, Universidade NOVA de Lisboa, Lisbon 2021, pp. 142-156

Luisa Ausenda, "Curating and Managing NFT art", in A. Solea – G. Prezioso (a cura di/eds.), *Global Arts Leadership in the Digital Age Voices from the World's Major Art Industries*, Cambridge Scholar Publishing, Cambridge 2022, pp. 16-29

Andrea Bellini, "Plants in a Garden, Tended by Machines. A Conversation with Nora N. Khan", in *Flash Art*, 25 ottobre/October 2022, https://flash—art.com/article/nora-n-khan/

Yohan Hwang, "When makers meet the metaverse: Effects of creating NFT metaverse exhibition in maker education", in *Computer and Education*, vol. 194, 2023

Mathias Hinke – Joaquim Macedo, "Curating the End of the World", in *RIACT, Journal of Artistic Research, Creation and Technology*, vol. 4, 2022, pp. 42-68

Charlotte Kent, "Art needs curators – and so do NFTs", in *FastCompany*, 1 ottobre/October 2023, https://www.fastcompany.com/90831886/art-needs-curators-and-so-do-nfts

Agata Kępińska – Rafał Wiśniewski, "Metaverse and its creative potential for visual arts", in *Acta Universitatis Lodziensis. Folia Sociologica*, vol. 85, 2023, pp. 57-75

Jiwoo Lee – Yeun-hee Kim, "The museum's virtual exhibition plan using NFT technology", in *Journal of Digital Art Engineering and Multimedia*, ottobre/October, 2021

Frances Liddell, "The NFT memento: digital thingness and NFTs in exhibition design", in *Digital Creativity*, vol. 34, n. 4, 2023, pp. 265-281

Leonhard Balduf, Martin Florian, Björn Scheuermann, "Dude, where's my NFT: distributed infrastructures for digital art", in *DICG '22*, Proceedings of the 3rd International Workshop on Distributed Infrastructure for the Common Good, Quebec, 18 novembre/November 2022, a cura di/eds. Kaiwen Zhang *et al.*, Association for Computing Machinery, New York 2022, pp. 1-6

Concetta Damiani, "Certification and Preservation of Artworks in Digital Environments", in *JLIS.It*, vol. 13, n. 2, 2022, pp. 189-202

Jacob Kastrenakes, "Your million-dollar NFT can break tomorrow if you're not careful", in *The Verge*, 25 marzo/March 2021, https://www.theverge.com/2021/3/25/22349242/nft-metadata-explained-art-crypto-urls-links-ipfs

Andreia Nogueira, Célio Gonçalo Marques, António Manso, Paula Almeida, "NFTs and the Danger of Loss", in *Heritage*, vol. 6, 2023, pp. 5410-5423

Rick Perlinger, "NFTs and AI Are Unsettling the Very Concept of History", in *Wired*, 28 aprile/April 2021, https://www.wired.com/story/nfts-and-ai-are-unsettling-the-very-concept-of-history/

__ Sostenibilità/Sustainability

Memo Akten, Alice Bucknell, Geert Lovink, Primavera De Filippi, Jason Bailey, Chloe Diamond, Casey REAS, Fanny Lakoubay, Alex Estorick, "Episode V. Toward a New Ecology of Crypto Art: A Hybrid Manifesto", in *Flash Art*, 26 febbraio/February 2021, https://flash--art.com/2021/02/episode-v-towards-a-new-ecology-of-crypto-art/

Justine Calma, "The climate controversy swirling around NFTs", in *the Verge*, 15 marzo/March 2021, https://www.theverge.com/2021/3/15/22328203/nft-cryptoart-ethereum-blockchain-climate-change

Jon Truby, Rafael Dean Brown, Andrew Dahdal, Imad Ibrahim, "Blockchain, climate damage, and death: Policy interventions to reduce the carbon emissions, mortality, and net-zero implications of non-fungible tokens and Bitcoin", in *Energy Research & Social Science*, vol. 88, 2022

Zhongbo Tian, "Post-Merge Carbon Footprint Analysis and Sustainability in the NFT Art Market", in *Arts*, vol. 12, n. 5, 2023

__ NFT e criminalità/NFT and crime


F. Annunziata – A. Conso (a cura di/eds.), *NFT: L'arte e il suo doppio. Non fungible token: l'importanza delle regole, oltre i confini dell'arte*, Montalbone, Milano 2021

Lois Beckett, "Huge mess of theft and fraud: artists sound alarm as NFT crime proliferates", in *The Guardian*, 29 gennaio/January 2022, https://www.theguardian.com/global/2022/jan/29/huge-mess-of-theft-artists-sound-alarm-theft-nfts-proliferates

Jesse Damiani, "White Male Artist Wants to Know If You'll Buy His $HT NFT's", in *Forbes*, 19 luglio/July 2021, https://www.forbes.com/sites/jessedamiani/2021/07/19/white-male-artist-wants-to-know-if-youll-buy-his-ht-nfts/?sh=63639f0e38ebv

Nir Kshetri, "Scams, frauds, and crimes in the Nonfungible Token market", in *Computer*, vol. 55, n. 4, 2022, pp. 60-64

Simon Mackenzie – Diana Bērziņa, "NFTs: Digital Things and Their Criminal Lives", in *Crime, Media, Culture*, vol. 18, n. 4, 2022, pp. 527-542

Anna Mosna – Giulio Soana, "NFTs and the virtual yet concrete art of money laundering", in *Computer Law & Security Review*, vol. 51, 2023

Ben Munster, "People Are Stealing Art and Turning It Into NFTs", in *Vice*, 15 marzo/March 2021, https://www.vice.com/en/article/n7vxe7/people-are-stealing-art-and-turning-it-into-nfts

__ Problemi etici, problemi sociali e bias/Ethical problems, social problems and biases

Catherine Flick, "A critical professional ethical analysis of Non-Fungible Tokens (NFTs)", in *Journal of Responsible Technology*, vol. 12, 2022

Inte Gloerich, "In search of ineffable NFTs", in *Phygital fashioning*, vol. 6, 2022

Dejan Grba, "Faux Semblants: A Critical Outlook on the Commercialization of Digital Art", in *Digital*, vol. 3, n. 1, pp. 67-80

Marina Gržinić, "Necropolitical Screens: Digital Image, Propriety, Racialization", in *The Nordic Journal of Aesthetics*, nn. 61-62, 2021, pp. 98-106

Jeremy Nguyen, "Racial Discrimination in Non-Fungible Token (NFT) Prices? CryptoPunk Sales and Skin Tone", in *Economics Letters*, vol. 218, 2022

F. Stalder – J. Fakin Janša (a cura di/eds.), *From Commons to NFTs,* Aksioma - Institute for Contemporary Art, Ljubljana 2022

Anna Luigia De Simone insegna Arte e media, Storia dell'arte contemporanea e Storia e teorie delle mostre contemporanee presso l'Università IULM di Milano. Ha pubblicato numerosi contributi sui rapporti tra arte e televisione e sui processi di intermedialità. Tra i suoi volumi, *Architetture d'avanguardia. Scenari e visioni della città nel Novecento* (2008), *Andy Warhol's TV. Dall'arte alla televisione* (2017). Nel 2021 ha coordinato il progetto editoriale dell'*Enciclopedia Treccani dell'Arte Contemporanea*.


Anna Luigia De Simone teaches Art and Media, History of Contemporary Art, and History and Theories of Contemporary Exhibitions at IULM University in Milan. She has published numerous contributions on the relationship between art and television and on intermediality processes. Among her volumes: *Architetture d'avanguardia. Scenari e visioni della città nel Novecento* (2008), *Andy Warhol's TV. Dall'arte alla televisione* (2017). In 2021, she coordinated the editorial project of the *Treccani Encyclopedia of Contemporary Art*.

Finito di stampare nel mese di settembre 2024
*presso Sartoria editoriale*



Postmedia Srl
www.postmediabooks.it